TABLEAUX
ALGÉRIENS

PAR

GUSTAVE GUILLAUMET

PARIS
LIBRAIRIE PLON
E. PLON, NOURRIT ET Cie, IMPRIMEURS-ÉDITEURS
RUE GARANCIÈRE, 10
—

Tous droits réservés

TABLEAUX ALGÉRIENS

L'auteur et les éditeurs déclarent réserver leurs droits de traduction et de reproduction à l'étranger.

Ce volume a été déposé au ministère de l'intérieur (section de la librairie) en janvier 1891.

Du même auteur, à la même librairie :

TABLEAUX ALGÉRIENS

Superbe volume in-4° elzevir, illustré de 12 eaux-fortes par Guillaumet, Courtry, Le Rat, Géry-Bichard, Muller et Toussaint, de 6 héliogravures par Dujardin, et de plus de 130 gravures en relief, d'après les tableaux, les dessins et les croquis de Gustave Guillaumet, précédé d'une notice sur la vie et les œuvres de G. Guillaumet, par Eugène Mouton.

Il a été tiré :

900 exemplaires, papier vélin. Prix.............	40 fr.
100 exemplaires d'artistes numérotés, renfermant triple tirage des eaux-fortes et des héliogravures dans divers états. Prix.............	60 fr.
50 exemplaires numérotés, papier de Hollande. Prix.................................	200 fr.
25 exemplaires numérotés, papier du Japon. Prix.	400 fr.
5 exemplaires numérotés, papier de Chine. Prix.	500 fr.

Les exemplaires sur hollande, japon et chine, renferment : 1° quadruple tirage, dont un en sépia, et l'autre en fac-similé de pastel, des héliogravures : *Femmes arabes à la rivière* et *Laveuse arabe;* 2° des tirages en trois états (noir, sanguine et avant la lettre sur chine), des eaux-fortes et des héliogravures.

TABLEAUX
ALGÉRIENS

PAR

GUSTAVE GUILLAUMET

PARIS
LIBRAIRIE PLON
E. PLON, NOURRIT ET Cie, IMPRIMEURS-ÉDITEURS
RUE GARANCIÈRE, 10
—
Tous droits réservés

UN JOUR DE SOLEIL

UN JOUR DE SOLEIL

Dans les vastes plaines qui se développent entre les massifs montagneux de notre frontière marocaine, le soleil a des splendeurs sans égales. Il règne en roi superbe sur ces pays étranges où l'homme tient si peu de place. Il les égaye de ses éclats, il les couve par sa chaleur, il leur donne une éternelle sérénité.

Voici l'aurore. Une lueur pâle se lève et blanchit l'horizon. Les étoiles, une à une, se fondent dans le rayonnement qui précède le retour du soleil et prépare sa venue. Les ondulations du jour naissant courent sur le ciel nacré. L'air gris s'agite et remue de légères paillettes d'or, tandis que la terre sommeille encore dans une nuit transparente.

Soudain, resplendissant, le soleil s'échappe des montagnes obscures; mille flèches ardentes traversent en même temps les zones de l'éther radieux, et la fête lumineuse commence. Les crêtes donnent le signal et s'illuminent. Le bleu et le rose s'opposent avec d'audacieux contrastes ; peu à peu les violences s'harmonisent. Les ombres sont larges ; elles s'allongent, veloutées, imprégnées d'azur, indéfiniment.

La lumière fouille les flancs des collines, glisse entre leurs mamelons. Elle circule, répand la vie sur ce qu'elle embrasse ; puis, avec lenteur, elle descend des crêtes élevées dans la plaine humide, qui frissonne en secouant ses dernières gouttes de rosée.

Le jour est venu. La vie s'exhale sous toutes ses formes, avec tous ses bruits. Le réveil anime les douars. Les chevaux hennissent et frappent du pied, les troupeaux gagnent leurs pâturages. Des hommes se réunissent pour la prière ; d'autres se mettent en marche, poussent leur monture à travers les sentiers. Autour des tentes les femmes s'agitent comme les abeilles autour des ruches : les unes pour moudre le grain, traire une brebis, dénouer l'entrave d'un cheval prêt à partir ; les autres pour reprendre la quenouille, le tapis interrompu, ou s'en aller emplir les peaux de bouc à la rivière. Chacune a sa tâche, et toutes sont en mouvement pour les besoins de la journée.

Déjà les ombres raccourcissent. Les teintes pourprées deviennent roses ; le rose se dore ; l'or pâlit ; le jour, un jour intense, éclate et se répand sur toute la plaine, qu'il inonde de ses chatoiements argentins. Chaque brin d'herbe, chaque pierre, en accroche une parcelle, allonge sur le sol sa traînée d'ombre bleuâtre, qui diminue à mesure que le soleil monte. L'astre touche au zénith, et cette lumière placide, qui partout s'est étendue, confond la terre et le ciel dans un même éblouissement.

Plus d'ombre. Tout ce qui vit se cache, fuit l'implacable clarté, cherche un peu de fraîcheur dans les anfractuosités des roches, dans les moindres replis du terrain. Le bétail, cessant de brouter l'herbe chaude, se réfugie sous les rares thuyas, au pied des oliviers poudreux. On dirait que notre globe, épanoui dans sa béatitude, enivré de tant de lumière, excédé par tant de chaleur, s'est immobilisé dans l'espace comme, par un calme plat, sur la mer immense, un vaisseau s'arrête, voiles tombantes. L'œil interroge : rien ne bouge. L'oreille écoute : aucun bruit, pas un souffle, si ce n'est le frémissement presque imperceptible de l'air au-dessus du sol embrasé. La vie semble avoir disparu, absorbée par la lumière. C'est le milieu du jour...

Mais le soir approche. Alors le soleil franchit la seconde moitié de sa course. L'ombre a fait volte-face. L'air s'agite et reprend ses vibrations. Un vent frais soulève des poussières, secoue les grands chardons secs. Sous des rayons plus obliques, ce qu'il y avait de trop vif ou de trop clair s'atténue, s'apaise, la vue est calmée ; de légers reliefs ressortent sur la teinte uniforme des fonds ; des détails d'une délicatesse infinie reparaissent, et les ravins, les gorges, les forêts, les masses rocheuses, s'animent graduellement : chaque minute accentue des effets nouveaux et variés.

Dans l'atmosphère limpide et sans brume, on voit luire un disque de flamme qui s'abaisse lentement vers l'horizon. Le soleil, au terme de sa course, lance à la terre un adieu suprême, et les montagnes, à demi baignées d'ombre, s'embrasent et rougissent leurs sommets. Une dernière fois, tout enflammé, il terrasse le regard ; puis, hardiment, plonge dans l'immensité, laissant après lui cette magnifique auréole, dont la décroissance rend son départ si mélancolique, et que la plaine reflète un moment encore.

Les troupeaux rentrent dans les douars ; ils se pressent autour des tentes, à peine visibles, confondus sous cette teinte neutre du crépuscule, faite avec les gris de la nuit qui vient et les violets tendres du soir qui s'en va. C'est l'heure mystérieuse où les ténèbres épaississent leurs voiles, où les couleurs se mêlent, où les contours se noient, où toute chose s'assombrit, où toute voix se tait, où l'homme, à la fin du jour, laisse flotter sa pensée devant ce qui s'éteint, s'efface et s'évanouit.

UNE RAZZIA

DANS LE DJEBEL-NADOR

UNE RAZZIA

DANS LE DJEBEL-NADOR

I

Nous venions de franchir en une marche de nuit les montagnes boisées de Tiaret. Cheminant à travers les dernières échancrures de ce pays accidenté, les deux milliers d'hommes armés dont se composait la colonne expéditionnaire découvraient déjà de vagues profondeurs, marquées de quelques plis, simulant la mer à s'y méprendre. L'immense plaine du Sersou dormait dans l'obscurité sereine, étoilée, qui règne, après les lumineuses journées d'été, entre le coucher du soleil et son lever. Aucun souffle, nulle rosée, ne venaient rafraîchir cette terre brûlée jusqu'aux entrailles par les chaleurs d'août.

Le jour commençait à poindre. Une muraille de collines noires, bizarrement découpées sur le ciel, masquait les blancheurs de l'aurore naissante. Nous avancions lentement dans l'ombre, lorsqu'un flot de lumière matinale, s'engouffrant tout à coup entre deux mamelons, vint s'épandre sur la colonne en marche.

Ce fut un réveil subit dans les rangs. Les hommes, tirés de la torpeur habituelle aux marches de nuit, se redressaient sous la caresse du jour. Un joyeux frisson passait sur nos troupes à mesure qu'elles entraient dans ce bain de soleil.

En tête chevauchaient les spahis rouges, avec leur fanion brodé d'emblèmes musulmans. Ils s'avançaient en éclaireurs, le front ceint d'un haïk dont la blancheur contrastait avec le bronze de leurs faces viriles. De jeunes hommes imberbes chevauchaient à côté de vieux guerriers à barbe grise, au regard farouche brillant sous l'arcade profonde de leurs sourcils. Le sang nègre se mêlait au sang barbaresque, et les fières silhouettes se détachaient dans la poudre d'or soulevée par le sabot des chevaux qui piaffaient, hennissaient, en aspirant l'air vif du matin. Dans cette riche lumière, les burnous écarlates s'avivaient de teintes sanglantes, les caparaçons reluisaient ; des scintillements couraient sur les sabres, sur le canon des longs fusils, et des étincelles jaillissaient des étriers massifs qui s'entre-choquaient dans les rangs.

Venaient ensuite nos escadrons de chasseurs, en veston vert, en pantalon rouge garni de basane, le manteau roulé par-dessus les fontes, et les bissacs suspendus à l'arçon de la selle, tandis que, sur les deux flancs de la colonne, allaient à l'aventure, en un désordre superbe, les nombreux cavaliers des goums [1] fournis par les tribus amies et placés sous le commandement de leur aga.

Pour se tenir à l'abri des surprises, les convoyeurs arabes avaient pris le flanc droit, le côté opposé au pays occupé par l'ennemi. Ils poussaient devant eux les bêtes réquisitionnées, assemblage pittoresque de chameaux, de chevaux, d'ânes, de mulets, chargés des tentes et des ustensiles du campement.

Suivant la route tracée par la cavalerie, l'infanterie, sans rompre son ordre de marche, serpentait à travers les inégalités du terrain : masse confuse d'uniformes et de baïonnettes dont les rangs, l'un après l'autre, apparaissaient dans l'éblouissement de lumière qui débordait par l'ouverture du petit col. Tour à tour le soleil vint inonder de ses rayons les compagnies du 12ᵉ régiment de ligne, la section d'artillerie avec ses pièces de campagne portées à dos de mulet, puis l'ambulance avec ses cacolets, puis le service administratif avec les vivres, puis le convoi de bœufs qui devait approvisionner la troupe. Des points culminants, on pouvait facilement embrasser, en un seul coup d'œil, cette petite armée, et distinguer au loin son arrière-garde.

Telles étaient les forces placées sous les ordres du colonel Péchot [2], lequel avait mission de s'emparer

---

[1] Les Arabes désignent sous le nom de *goum* toute réunion de cavaliers en armes.

[2] Tué devant Paris pendant l'insurrection de 1871.

d'un ennemi rusé, difficile à surprendre, plus difficile encore à poursuivre dans les déserts où il s'enfonçait.

De temps à autre, les cavaliers du goum chevauchaient côte à côte avec nous, opposant à nos allures méthodiques le caprice de leurs cavalcades, et tranchant par la diversité de leurs costumes sur le ton uniforme de nos équipements. Quelle belle désinvolture ont ces hommes intrépides! Quelle adresse à manier le cheval, sans souci des obstacles, par des chemins impraticables! Le passage venait-il à se rétrécir, ils escaladaient aussitôt les escarpements qui se dressaient devant eux. Rien n'entravait leur marche audacieuse, ni les roches glissantes, ni les épaisses broussailles. Éclaireurs de combat, ils ne se laissaient pas longtemps devancer par la cavalerie régulière qui suivait tranquillement le creux des vallons. Souvent ils s'engageaient dans quelque traverse, se perdaient dans un pli du terrain, ou disparaissaient derrière un mamelon; mais on revoyait bientôt galoper leurs chevaux sur une cime, et les burnous flottants s'agiter dans le soleil, au milieu d'un nuage de poussière.

Pour donner à l'infanterie le temps de rejoindre, l'état-major parfois s'arrêtait. On mettait pied à terre. Les cavaliers, tout poudreux, se détiraient à côté de leurs chevaux. Les officiers, entre eux, causaient, allumaient une cigarette; puis chacun remettait le pied dans l'étrier, les rangs se reformaient, et l'on repartait.

Laissant derrière elle la zone montagneuse, la colonne, peu à peu, atteignait la plaine, dont les ondulations semblaient se mouvoir et rouler des vagues de lumière jusqu'aux chaînes bleues du Nador.

Partout abandon, solitude, cultures délaissées. En dehors de cette réunion d'hommes armés, la vie ne se manifestait plus que sous forme d'oiseaux traversant le ciel, ou de reptiles s'agitant dans les broussailles. Un vent faible, soufflant du sud, apportait par intermittences les bouffées d'une chaleur énervante. La poussière en suspens rendait l'air irrespirable. On suffoquait dans les bas-fonds. Par endroits, comme au-dessus d'un four, l'atmosphère surchauffée vibrait sensiblement. La fin de l'étape devenait pénible. Aveuglés de lumière, les yeux se fermaient à demi. A peine échangeait-on quelque parole; la monotonie des espaces silencieux gagnant les esprits, chacun s'abandonnait paresseusement au balancement continu du cheval dont l'allure s'alanguissait aussi. On atteignit enfin l'emplacement du bivouac. En un clin d'œil les tentes y furent dressées, et ce lieu solitaire, égayé soudain, retentit du bruit martial de la vie des camps.

II

Le jour suivant, nous marchions en droite ligne sur le Djebel-Nador, foulant d'anciennes traces de campements nomades et des champs d'orge qui, vers la fin d'août, attendaient encore les moissonneurs. Les épis, courbés sur leur tige desséchée, se calcinaient au soleil. De telles ressources pouvaient profiter à l'ennemi : il fut décidé qu'on y mettrait le feu, et la flamme, plus prompte que la faux, anéantit derrière nous les récoltes abandonnées.

Toujours l'immensité morne, inhabitée, semée çà et là d'affligeants tableaux : ici, des moutons morts, noyés par les derniers orages; ailleurs, un chameau à demi dévoré, des flancs duquel s'échappe un vautour énorme qui, d'un vol lourd, s'enlève dans les airs.

Qu'étaient devenus les douars paisibles dont les fumées montaient chaque soir en spirales irisées au-dessus de la plaine ? Les nomades, fuyant encore une fois la domination française, avaient émigré vers la région des Hauts-Plateaux, foyer de fanatisme et d'insurrection. Les chefs religieux y soulèvent aisément une race de pasteurs, belliqueuse et crédule, nourrie dans la haine des infidèles. Chez elle, toute soumission n'est qu'apparente et de courte durée, car les nomades détestent nos mœurs; ils repoussent avec énergie tout ce qui tend à changer les coutumes de leurs bibliques aïeux. Mais est-il étonnant que ces derniers représentants du monde ancien, nous voyant vivre en nos maisons étroites, accablés d'affaires, préoccupés d'intérêts de toute sorte, agités par le souci de besoins nombreux, finissent par se demander pourquoi ils changeraient leur libre existence contre un tel esclavage?

Dès que plusieurs années fertiles ont tiré l'Arabe de sa pauvreté habituelle, les marabouts entreprennent des voyages, de tribu en tribu, d'une province à l'autre. Ils prêchent la guerre sainte, échauffent les esprits, prophétisent la délivrance. On s'arme silencieusement. Bientôt les étendards sortent de l'ombre des mosquées, flottent au milieu des combats... Inutiles efforts dont l'avortement certain ne peut que rendre ce peuple encore plus malheureux!

La tribu guerrière des Ouled-Sidi-Chirk avait donné, cette fois, le signal de la révolte. A l'appel de Si-Sliman s'étaient levés tour à tour les nomades sahariens, les montagnards des ksours[1], du Djebel-

[1] Villages des Hauts-Plateaux entourés d'un mur de défense. Au singulier, *ksar*.

Amour, et les impressionnables populations des Harrars. Le soulèvement enflammait le Tell, lorsque le colonel Beauprêtre, avec une poignée d'hommes, avait eu la courageuse idée de s'emparer du chef suprême de l'insurrection. On sait comment notre officier, surpris la nuit aux environs de Géryville, fut massacré avec les siens : épisode fréquent dans l'histoire de notre conquête, et qui caractérise douloureusement une guerre d'embuscade où l'on tombe, héros obscur, sous les coups d'un ennemi qui ne fait jamais de prisonniers.

Châtiés et soumis dans le Tell, les Arabes continuaient au sud une lutte désespérée, prêts à fondre sur de petits convois, à dévaster les fermes isolées, mais n'osant plus s'attaquer à des forces rangées. A l'approche de notre colonne, Si-Lalla, qui menaçait Tiaret, avait regagné ses retraites habituelles, au fond d'un pays désert. Cependant ses cavaliers se montraient de nouveau, semant l'alarme dans la province. Les tribus du Nador, jusqu'alors restées neutres, venaient de s'insurger à leur tour; elles accusaient un mouvement vers les Hauts-Plateaux. Ces tribus comptaient de nombreux cavaliers qui pouvaient grossir les forces de l'ennemi : il devenait nécessaire de s'opposer à leur départ.

III

L'oued Suzellem est une rivière souvent tarie. C'est plaisir, au temps des sécheresses, de voir un mince filet d'eau couler encore entre les galets et les lauriers-roses qui tapissent son lit. Sur l'une de ses rives est établi notre bivouac. Les sonneries du réveil ont mis tout le monde sur pied. Le Nador se découpe nettement, baigné d'une lumière tendre; l'air est si transparent que, pour y atteindre, il semble qu'un temps de galop pourrait suffire, alors qu'une distance de près de cinq lieues nous sépare de ses premières assises.

Vers le milieu de la matinée, la colonne est reformée et l'on se met en marche, les fantassins sans sacs, les cavaliers en selle nue. Une animation inaccoutumée règne dans les rangs. Chacun sent que la journée ne se passera pas sans une rencontre. Quant aux hommes du goum, leur impatience est manifeste. Si, aux heures néfastes, désertant le drapeau français, nos alliés musulmans tournent parfois les armes contre nous, leur fidélité se fixe aussitôt qu'ils entrevoient les bénéfices de la victoire. Que de peine ont les nôtres à contenir la joie fiévreuse dont ils sont possédés ! Au contact des longs éperons qui traînent sur leurs flancs, les chevaux s'allument; mais, tenus en bride, ils mordent leur frein, la bouche blanche d'écume, courbant l'encolure, les naseaux près du poitrail. L'aga monte un poulain de race aux crins naissants, à la queue rasée, splendidement harnaché de velours et d'or. C'est une noble figure de chef que caractérisent une fine moustache, des yeux profonds, l'ovale long et maigre d'un visage osseux, des mains nerveuses enrichies de bagues. Un air de dignité rehausse l'élégance de toute sa personne. Sa longue tunique verte le désigne au milieu des siens. Il est entouré de notables bien montés, bien armés, richement vêtus. Ce luxe, toutefois, n'est pas également soutenu dans la foule de ses cavaliers. Tel d'entre eux n'a d'autre arme qu'un bâton noueux, ou le couteau qui pend à sa ceinture. Tel autre, dépourvu de selle, se cambre en se drapant sur un cheval nu, ainsi que les Grecs de Phidias dans les frises du Parthénon. Il en est plusieurs qui, dans le plus singulier accoutrement, talonnent des rosses efflanquées dont les os saillants menacent de percer la peau; d'autres n'ont trouvé, pour aller en guerre, que leurs juments de labour. Pauvres bêtes ! l'entraînement éveille en elles une ardeur nouvelle : dépensant un reste de vigueur, elles caracolent, comme aux jours passés des brillantes fantasias !

Nous cheminons vers un entassement de mamelons bossués, ravinés en tous sens, où rien ne trahit encore la présence de l'ennemi. Le colonel, de temps en temps, braque sa lunette vers on ne sait quel point éloigné que lui signale l'œil d'aigle de ses chaouchs. On aperçoit bien, sur le tapis de broussailles dont la montagne est veloutée, plusieurs taches d'un blanc douteux, mais il est difficile de deviner là autre chose que ces amas de rochers dont sont hérissées toutes les montagnes de l'Algérie. Cependant, à mesure que nous approchons, les taches blanchâtres changent de forme et de proportion ; puis elles se déplacent par un mouvement presque insensible ; puis elles se multiplient, s'égrènent en longs chapelets : évidemment ce sont des tribus en marche. Le terrain ondule fortement. Obligés d'enjamber les roches, de se faire jour à travers les palmiers nains, les oliviers sauvages, les massifs de thuyas, les buissons de chêne vert, nos hommes, à tout moment, sont forcés de rompre le rang; l'œil tourné vers les chefs, ils se rallient comme ils peuvent, d'un pas précipité, effarouchant les lièvres et les perdrix de ce pays giboyeux.

Un bruit soudain, auquel on ne peut se tromper, frappe nos oreilles : la colonne qui doit opérer de concert avec la nôtre prend l'offensive. De l'autre côté de la montagne, elle canonne l'ennemi.

Les formes se précisent. Nous voilà maintenant

assez près pour voir se dessiner le mouvement d'émigration des tribus rebelles. Sur le versant qui nous fait face, un moutonnement de points blancs mêlés de points noirs et roux tranche sur une verdure clairsemée. Plus de doute, nous avons devant nous les convois et les troupeaux des Arabes. Surpris par derrière, épouvantés à notre approche, ils s'efforcent de se jeter en plaine pour gagner le large. Les capricieux enchevêtrements d'un pays mamelonné nous masquent les autres mouvements que peuvent accomplir les tribus en fuite. Cependant, par une échappée, un œil attentif découvre au loin de lourdes poussières; il parvient même à distinguer dans le vague de l'air de longues files de bétail, fractionnées par masses compactes, et jusqu'aux palanquins de voyage, fondus en vapeur grise à l'horizon.

Nos alliés indigènes, alléchés par cette proie, ne sont plus maîtres de leur fougue. Au vent de la razzia, leurs narines se dilatent. Déjà ils croient saisir le butin dont ils engraisseront le chétif revenu de leurs tentes. Ces hommes qui, tout à l'heure tournés vers l'Orient, la face contre terre, appelaient sur eux les bénédictions d'Allah, ne rêvent plus que guerre et que pillage. Leurs chevaux, la bride lâchée, les emportent dans un impétueux élan qui fait voler la poussière. Ils s'éloignent d'un galop rapide. Nous ne les voyons plus.

Pour les appuyer, le colonel détache sa cavalerie, escadron par escadron. L'infanterie, suivant des yeux l'évolution des goums, continue sa marche en avant. On approche. On entend le bêlement des troupeaux, les cris d'alarme que poussent les bergers surpris. Des détonations isolées partent des broussailles. Toutes les pentes sont couvertes de cavaliers qui fouillent les ravins, s'éparpillent à travers bois.

Mais sur la ligne des crêtes surgissent au galop de nouveaux Arabes, en même temps que débouchent des uniformes bien reconnaissables, malgré l'éloignement. Ce sont les goums et les turcos de l'autre colonne d'attaque. Cette jonction des deux colonnes produit une confusion telle que, dans l'élan d'une ardeur sauvage, quelques hommes des goums tirent les uns sur les autres. De semblables méprises sont fréquentes en ces soudaines mêlées. Pour y parer, nos indigènes, suivant l'usage, arborent des rameaux de verdure en signe de reconnaissance, et chacun d'eux attache aux tresses de sa coiffure un bouquet de lentisque ou de chêne vert, parure originale qui rappelle la couronne des triomphateurs.

Cependant un banc de rochers, dont nous n'apercevions que les cimes, s'est subitement enveloppé de tourbillons de fumée. Des obus vont éclater sur ce point. C'est là que, réunissant leurs forces, se sont retranchés les derniers combattants ennemis. A l'abri de ces contreforts élevés, leur feu plongeant peut encore assurer la retraite de beaucoup des leurs. Les turcos rampent dans les broussailles ; nos soldats de ligne se dispersent en tirailleurs et donnent l'assaut. Les rochers sont cernés. La lutte devient plus vive. Au-dessus d'elle plane un nuage bleuâtre. Pendant quelque temps on ne voit plus rien; et le crépitement saccadé de la fusillade retentit sourdement, prolongé par les échos, jusqu'au fond des lointaines vallées.

. . . .

Les rebelles ont fui. Ils n'ont plus à compter que sur la vitesse de leurs chevaux. Que de biens, péniblement acquis, laissés derrière eux! Le regard n'arrive pas à embrasser la totalité du butin abandonné par les tribus.

La razzia est faite. Tous les efforts n'ont maintenant d'autre but que de concentrer un peuple d'animaux effarés et désunis par le bruit de la poudre. Sur les flancs du Nador se meut le bétail refoulé dans tous les sens. Depuis les crêtes jusqu'à la plaine, des cascades de toisons roulent de ravin en ravin, de vallon en vallon, comme les coulées d'une pluie d'orage. Les bêtes se croisent, se mêlent, se bousculent. Les buissons craquent, les pierres s'éboulent sous leur pression déréglée. On n'entend que bêlements, beuglements, hennissements. Des poulains séparés de leurs mères gambadent en gémissant; des chevaux errent sans cavalier; des bœufs affolés, perdant l'équilibre, culbutent dans les ravins. Toujours grossit la houle des innombrables troupeaux que pourchassent les goums, ou que ramènent nos escadrons. Au milieu du brouhaha, les indolents dromadaires marchent dispersés, trébuchant à chaque pas, avec un bagage sur le dos, ou balançant de grands palanquins vides, aux couleurs éclatantes, qui, dans cette étourdissante confusion, jettent çà et là une note étrange.

De temps à autre, pêle-mêle avec les moutons et les bœufs, défilent les prisonniers, par groupes, entre deux rangs de cavalerie indigène, et presque tous dépouillés par des mains avides. Dans le nombre se trouvent des vieillards sans burnous, dont le crâne dénudé reluit au soleil comme l'acier poli ; des femmes courant, le corps plié, les yeux hagards, la chevelure au vent, avec un nourrisson cramponné à leur dos. Celle-ci montre une plaie saignante ; cette autre, à la place des boucles d'argent qui paraient ses oreilles, a des taches de sang. Sous quelque lambeau de vêtement, les vieilles découvrent leur peau ridée, leurs seins taris ; elles se traînent à côté des jeunes, parmi les hommes captifs et les enfants tremblants de peur. Dans leur effroi, ces petits êtres, obligés d'allonger démesurément leurs jambes grêles, se heurtent aux angles des roches, se meurtrissent aux épines des buissons. Une mère passe, jetant des cris lamentables : autour d'elle se pressent des enfants de tous âges ; elle va, comme une idiote, l'épouvante au cœur, appuyant sur son sein la tête branlante de son dernier-né, tout ensanglanté, les yeux mourants. Tels sont les prisonniers ramassés, par centaines, dans les montagnes.

Sans s'apitoyer sur leur infortune, les spahis les font avancer avec un air de superbe indifférence, les menaçant parfois de la crosse de leur fusil. L'un de ces sauvages cavaliers a lié, à l'arçon de sa selle, un négrillon de six ans capturé dans la bagarre. Certains chevaux disparaissent sous l'amoncellement des objets ravis : tapis à grands dessins dont les plis balayent le sol, fusils au canon cerclé d'argent, vaisseaux de cuivre, coffrets emplis de l'habillement des femmes, riches haïks de parade, caparaçons brodés de soie et d'or. A ce butin s'ajoutent encore quelques chevaux de prix et nombre de bêtes de somme chargées de métiers à tisser, d'instruments de labour, de tout le mobilier primitif à l'usage des tentes. Et les ravisseurs, cupidement penchés sur les dépouilles qu'ils emportent, comme s'ils craignaient qu'on ne les leur enlevât, promènent autour d'eux des regards fauves.

A peine est-on parvenu à rassembler les troupeaux, que le soleil descend brusquement derrière les montagnes. De légères vapeurs, rougies encore par les feux du couchant, s'amassent autour du croissant de la nouvelle lune. La nuit étend ses voiles sur ce pays troublé, méconnaissable, bouleversé en quelques heures. Au milieu de l'apaisement solennel qui se fait sur la nature, un long mugissement monte de la multitude en mouvement. L'armée est embarrassée de sa victoire. Que va-t-on faire d'un butin si considérable ? Comment s'y prendre pour le mener au camp ?

L'étrange guerre et l'étrange pays ! Voilà nos soldats transformés en pâtres et chassant devant eux chèvres et moutons !

Vingt-cinq ou trente mille têtes de bétail à mettre en marche! Les spahis, habitués dès l'enfance à la vie pastorale, ont naturellement la haute surveillance de ces légions de bêtes, qui toutes veulent suivre un chemin différent, qui vont, viennent et tourbillonnent comme un remous de l'Océan, jusqu'à ce qu'on soit parvenu à leur imprimer une marche régulière. Enfin se forme un premier troupeau; un second suit la route frayée; l'une après l'autre, refoulées par les cris des cavaliers qui galopent autour d'elles, excitées sans cesse par des coups de feu, par des roulements de tambour, ces masses confuses s'ébranlent peu à peu, se disposent en colonne et s'allongent dans la plaine sur un parcours de plusieurs lieues.

En trop petit nombre pour exercer leur action sur tant de points à la fois, les spahis accélèrent la marche, échelonnés de loin en loin. Il serait téméraire d'espérer qu'ils pourront empêcher le goum de se tailler lui-même sa part de razzia et de la diriger sur ses tentes à la faveur des ténèbres.

La lune s'est voilée. Le reflet douteux des rares étoiles ne permet de distinguer que des formes indécises. Les bêtes fatiguées n'avancent qu'avec lenteur, serrées les unes contre les autres. A travers les plaines tranquilles, on n'entend plus que le bourdonnement sourd d'une foule en marche, d'où s'échappe par intervalles le cri proche ou lointain de l'un des cavaliers d'escorte.

Par moments la lune déchire les brumes qui l'environnent, et son croissant brille sur le ciel sombre. Alors une pâle clarté circule dans les campagnes muettes ; elle caresse de lueurs fugitives l'interminable procession, puis tout rentre dans l'obscurité.

Les troupeaux, disciplinés, piétinent maintenant à la file, régulièrement. Tout en surveillant leurs lignes, les conducteurs fredonnent d'une voix nasillarde un de ces airs mélancoliques que l'Arabe a fréquemment sur les lèvres et qui, lorsqu'il voyage, lui font oublier la longueur du temps. Les heures se succèdent, monotones, à refaire, par une nuit silencieuse et douce, le chemin parcouru dans la matinée. Au loin, les animaux nocturnes poussent leurs glapissements plaintifs. Hyènes et chacals feront bonne chère avec les bêtes restées en route : que de pauvres agneaux, trop faibles encore pour une course si longue, ont succombé à l'excès de leur fatigue !

A l'approche du camp, lorsqu'il faut passer la rivière, le désordre recommence. Mais alors la tête de colonne touche au bivouac, et chacun retrouve sa tente, un souper, le lit et le repos. L'esprit encore saisi des images de la journée, nous nous endormons, bercés par le murmure incessant que produit l'arrivée des troupeaux, massés à grand'peine autour du camp.

IV

La fanfare du réveil retentit au milieu d'une immense bergerie. Malgré les pertes faites en route et les vols commis pendant la nuit, le bétail qui reste auprès du bivouac eût fait honneur à la fortune de plusieurs patriarches.

Notre camp a pris une physionomie singulière. Au centre sont parqués les prisonniers, dans une enceinte formée par l'alignement de toutes les caisses à biscuit et de tous les sacs d'orge réunis. Entassées les unes sur les autres, ces créatures humaines ne présentent qu'un amas de vêtements sales, de loques trouées et de membres nus. Elles ont cet œil craintif des bêtes arrachées à leur liberté. Les hommes, impassibles, conservent une expression dédaigneuse ; mais les femmes, rapprochant à plusieurs reprises leur main de la bouche, font signe qu'elles ont faim, tandis que des enfants, se dérobant avec inquiétude aux regards étrangers, se réfugient effarés dans le sein de leur mère. Le soldat, compatissant aux maux de ces captifs, partage avec eux son pain; le musulman l'accepte, mais il repousse la viande qui lui est offerte, craignant de se souiller en prenant sa part d'une bête qui n'a pas été saignée selon les rites. C'est à l'aga qu'est dévolue la charge de pourvoir à la subsistance de ses coreligionnaires.

En opposition à ces tristes scènes, le camp est animé par les préparatifs de joyeux festins dans lesquels intervient, sous toutes les formes, l'innocent mouton. Tantôt il rôtit, entier, sur une longue perche; tantôt il n'offre au feu qu'un morceau de poitrine avec le hérissement des côtes. Le sol est couvert d'entrailles fumantes, de toisons ensanglantées; les boucheries et les cuisines s'épanouissent au soleil pour fêter la razzia; réjouissances qui mêlent pittoresquement les uniformes et les burnous.

Au sommet de la tente de l'aga, l'étendard musulman dresse dans l'azur ses boules et son croissant dorés. Les hommes du goum se rangent en cercle autour des poètes ambulants qui sont le complément indispensable de toute armée comme de toute caravane. Ils égayent par leurs chants les veillées du bivouac, exaltant tour à tour dans leurs improvisations la religion, la guerre et l'amour, les trois thèmes de la poésie arabe. Nos austères alliés suivent mélancoliquement les accords langoureux des flûtes de roseau, et les strophes s'envolent une à une des lèvres des musiciens, provoquant parfois parmi les auditeurs des éclats de rire qui découvrent leurs dents blanches. Si certaines figures reflètent encore l'enthousiasme de la veille, on lit sur d'autres les indices d'une préoccupation intéressée. Ces vastes troupeaux qui enveloppent le camp d'une muraille de toisons sont devenus l'objet de nombreuses convoitises. Les bourses sortent de leurs cachettes, les douros se comptent, se recomptent, car il n'est possible aujourd'hui de s'approprier de nouveaux biens que contre argent comptant.

Mais le clairon sonne. Le bétail sans nourriture pâtit autour du camp : il faut le vendre, à tout prix, sans retard. Plus de quinze mille moutons, chèvres et bœufs, sont ainsi adjugés au plus offrant. Seuls acquéreurs, les indigènes les obtiennent à des prix dérisoires[1]. Et les troupeaux, déjà tant surmenés, se dispersent par des voies différentes, pâturant en chemin sous la conduite de bergers tirés du convoi, pour être, les uns versés dans les douars, les autres revendus sur les marchés.

Quant aux prisonniers, ils seront remis entre les mains des chefs arabes, en attendant les négociations avec les tribus.

---

[1] De 1 fr. 25 à 2 francs par toison.

V

Au-dessus d'une étendue sans bornes de vallées et de montagnes, se dressent des crêtes rocheuses, où les aigles font leurs nids. On y arrive par une plate-forme parsemée, ici, de quelques arbres résineux, là, de gros blocs de granit. De ce point élevé nous regardions, sous nos pieds, le paisible défilé de notre colonne. Une reconnaissance l'avait ramenée dans cette partie du Nador, troublée, trois jours avant, par le bruit des combats. Et tantôt dans l'ombre, tantôt éclairée, selon les caprices d'un ciel nuageux, elle reprenait le chemin du camp. Rapetissée par la distance, elle semblait une armée de Lilliputiens traversant quelque vallée déserte ; son faible bruit, absorbé dans l'espace silencieux, ne parvenait pas jusqu'à nous.

Les détours des crêtes aboutissaient à des terrains fraîchement battus par un passage de troupeaux ; on y suivait les traces d'une fuite précipitée : sillons d'herbes foulées, branches froissées, arbustes écartelés, qui gardaient suspendus quantité de flocons de laine.

Parfois, prenant peur tout à coup, nos chevaux s'arrêtaient court devant une forme humaine étendue immobile en travers du chemin que nous nous tracions. Çà et là, la silhouette inanimée de quelque Arabe apparaissait derrière un buisson. Des bandes de corbeaux se levaient au bruit de nos pas, volaient un moment, puis allaient s'abattre plus loin. Par leur disposition bizarre, d'immenses blocs arides nous faisaient reconnaître l'endroit même où s'était livré le combat final. Aussi, en débouchant sur un étroit plateau, ne fûmes-nous pas surpris de nous trouver en présence d'une centaine de cadavres gisant parmi l'encombrement des roches qui, presque toutes, portaient les empreintes d'une lutte violente et des éclaboussures de sang cuites comme un émail sous l'action continue de la chaleur. Un silence sévère régnait sur ce tableau. Nous l'envisagions le cœur serré.

Le soleil à son déclin donnait en plein sur les dépouilles humaines, sur les nudités affreuses. Les membres raidis allongeaient des ombres dures sur le sable : profils lugubres de mains crispées, de pieds retournés, de bouches béantes et tordues dans les dernières convulsions de l'agonie. La vue ne se détournait de certains yeux ouverts, qui semblaient regarder fixement, que pour retomber sur d'autres horreurs, sur des plaies béantes bordées de sang noir, ou de hideux visages blêmes, à demi rongés par les oiseaux fauves. Les teintes livides de la mort avaient plombé le bronze des chairs. De place en place, un cheval était étendu sur le flanc, sans selle ni bride, le ventre ballonné, les sabots en l'air.

Repoussés par l'odeur fétide de toute cette chair morte, nous nous éloignâmes. Du haut d'un rocher, deux aigles serrés côte à côte, attentifs à nos mouvements, guettaient notre départ. La nuit approchait. Des bruits vagues montaient des vallées tranquilles comme la plainte d'un pays attristé. Le couchant, dans toute son étendue, se sillonnait de longues flèches de feu. On voyait courir des vapeurs noires sur une couche de vapeurs enflammées. Le ciel, au-dessus de nos têtes, était limpide et clair, mais à l'horizon se rassemblaient des brumes épaisses, masses d'eau mystérieuses qui flottaient indécises sous la molle pression du vent, et qui peu à peu, dans une teinte humide et sombre, voilèrent les sommets du Djebel-Ghézoun et les pics énormes de l'Ouarensenis. Des flancs de ces montagnes s'échappaient des lueurs qu'on eût prises pour le flamboiement de lointains incendies. Plusieurs nuages noirs d'une forme étrange planaient isolés, pareils à des êtres fantastiques que l'ombre aurait subitement créés. Sur ce fond sinistre, un vieux térébinthe, mutilé par la hache des bergers, tordait ses bras noueux.

Le son sec et régulier du sabot de nos chevaux

résonnait dans la solitude. Nous avancions sans parler, lorsqu'un bruissement inattendu nous fit détourner la tête. Et nous vîmes se dresser un fantôme de cheval blanc qui, tout en boitant, s'efforçait de venir à nous, avec une jambe brisée et les côtes ouvertes par une blessure profonde. La malheureuse bête, entendant des chevaux passer, instinctivement poussée vers ses semblables, essayait en vain de se mêler encore une fois à ce mouvement familier qui, pour elle, était la vie ; mais à bout de forces, épuisée, elle chancela, prise d'un mortel frisson. Et sa masse, déjà confondue dans les ténèbres, retomba lourdement sur le sol.

EN ROUTE

EN ROUTE

Traversant à la lumière du gaz les faubourgs d'Alger, puis côtoyant la mer par une nuit sombre, la voiture où j'ai pris place suit la route de Kabylie.

D'épais nuages voilent les étoiles. A peine distingue-t-on les massifs d'arbres ou les haies d'aloès qui bordent les villas, les jardins, les champs des colons. Je n'aperçois, sur les fonds noirs, que les oreilles et les croupes des chevaux trottant dans le filet de lumière projeté par les lanternes. Leur sonnerie de grelots se mêle au gémissement des vagues brisant sur la grève.

Les feux intermittents du phare, les quais illuminés, indiquent une dernière fois la position d'Alger. Puis, au tournant de la route, tout s'efface dans les ténèbres.

Commencent alors les plaines de la Métidja, plaines immenses, dont la fécondité repose si agréablement la vue lorsqu'on revient des pays sans verdure.

Le jour naît. Le soleil empourpre les gorges de Palestro. Entre deux murailles de rochers à pic, l'Isser roule ses eaux bruyantes : site à la fois sauvage et verdoyant, qui offre en ce moment un intérêt particulier.

Partout chantiers d'exploitation, baraquements, tranchées, terres de remblai. Partout phalanges d'ouvriers qui, pioche en main, attaquent une terre vierge, en fouillent les entrailles. Des Italiens, des Espagnols, des Marocains, travaillent de concert avec nos émigrants d'Alsace, de Gascogne ou de Provence. Dans la profondeur du roc s'ouvrent des tunnels. Des ponts sont jetés sur les torrents. On entend détoner les coups de mine qui font sauter les blocs et les précipitent dans la rivière. Les éboulements des cimes nivellent les ravins. Des montagnes perdent leur forme primitive. La nature cède partout à la volonté de l'homme.

Parmi la légion de manœuvres qui accomplissent ces prodiges, je remarque, non sans surprise, une tribu de nomades venus là, hommes, femmes, enfants, offrir leurs bras à la Compagnie des chemins de fer algériens. Une vingtaine de tentes en poil de chameau espacent leurs taches brunes à travers la broussaille.

Voilà donc sous quelle image se présentent à moi les derniers descendants des patriarches ! Sont-ce bien là les pasteurs orgueilleux dont j'ai tant de fois admiré la vie errante et les antiques coutumes ? Par quelle fatalité des hommes habitués à tout sacrifier à leur indépendance en sont-ils venus à cet abaissement ?

Sous la surveillance du chef de famille, — qui, cela va sans dire, prend pour lui le moins de peine possible, — travaillent les Bédouines, mères, femmes ou filles, coiffées du turban noir, et portant avec noblesse le haïk aux longs plis. Les unes charrient des pierres qu'elles vont ramasser dans le lit de l'Isser, tandis que les autres cassent tranquillement des cailloux sur la route.

La rencontre de ces femmes à l'aspect biblique me cause ici une impression étrange. Ces attitudes conviennent peu à Rachel, à Rebecca. On ne se figure guère Abraham sortant de sa tente pour fabriquer du macadam. La grâce, la dignité native, qui se gardent jusque dans les mouvements d'un travail inaccoutumé, laissent, il est vrai, au tableau de ces mœurs dépaysées une incontestable grandeur. Néanmoins cette préface au poème que je vais chercher si loin restera d'un style assez mélangé.

Faut-il voir, par un tel exemple, l'indice d'une conversion en notre faveur, et penser qu'après cinquante ans de résistance les nomades se décident à venir à nous ? Il est plutôt probable qu'à peine en possession de quelque épargne, ces majestueux casseurs de pierres reporteront avec joie leurs campements vers le Sud. Alors, dans les loisirs d'une vie contemplative, le souvenir des travaux exécutés par nos ingénieurs hantera quelquefois leurs pauvres cervelles, ainsi qu'un cauchemar diabolique. Car, il faut bien l'avouer, notre génie inventif a toujours effaré ces esprits superstitieux et provoqué chez eux beaucoup plus de terreur que d'admiration.

Les avantages d'une voie ferrée se font déjà sentir dans cette région de la Kabylie. Des villages s'ébauchent sur la nouvelle route de Constantine. Les défrichements mettent à nu des côtes jusqu'à ce jour improductives. Bouïra s'élève, s'agrandit, se peuple, avec une apparence de prospérité, une concurrence d'hôtels et de cabarets, hors de proportion avec sa fortune présente, qui consiste surtout en espérances. Mais une fortune réelle, si les colons ne se croisent pas les bras devant les premiers obstacles, pourra sortir des terres rougeâtres où l'on essaye la vigne avec succès.

Nulle situation n'est plus magnifique. La chaîne du Djurjura s'y déroule dans sa splendeur, avec ses rochers abrupts, ses pentes à demi boisées, ses déchirures profondes, et la fière dentelure de ses pics que blanchit la neige des hivers et qui prennent la couleur des lilas et des roses aux premières ardeurs du printemps. Il y a là des retraites ignorées où s'aventurent seulement les chasseurs de bêtes fauves. C'est dans ces parages que, tout en cultivant un petit domaine, le célèbre tireur Bombonnel continue la destruction du gibier favori dont la griffe lui a si joliment balafré le visage.

Une route au sud dessert un pays n'ayant d'intéressant que les fermes qu'on rencontre de distance en distance. Elle contourne, près d'Aumale, un massif montagneux où quelques tribus nichent sous des huttes. Elle franchit la passe du Dira, à 1,800 mètres d'altitude, puis redescend tout de suite dans une série de plaines et de plateaux déserts dont les étapes sont bornées par des caravansérails.

Déjà l'alfa s'éparpille en touffes, isolées chacune par une butte de terre qu'entretiennent les vents sud-ouest. A droite, des monticules peu élevés, à crête aplatie, reproduisent sans cesse les mêmes angles, les mêmes teintes fauves. Sur la gauche courent les steppes du Hodna. Des chotts, qui suintent la fièvre à l'époque des chaleurs, se décèlent au loin par une vapeur blanchâtre.

Le sable épaissit. Le pied enfonce dans une poudre jaune, fine, compacte. Les dunes prononcent bientôt leurs ondulations, gardant, ici les rides qu'un récent ouragan y a laissées, là les empreintes des pas de quelque convoi de chameliers qui a passé depuis.

De temps à autre, des vertèbres, des mâchoires, maints ossements d'animaux, surnagent au-dessus des squelettes ensevelis, épaves semées en route par les caravanes. Çà et là rampe l'arabesque d'une coloquinte chargée de fruits d'or.

Enfin, sur un fond de collines arides par delà lesquelles l'esprit entrevoit de mystérieux espaces, des déserts sans limites, le ksar émerge des dunes. Celles-ci entassent leurs mamelonnements jusqu'au pied des murs; elles élèvent leur niveau, élargissent leurs bancs, comblent une vallée, ensablent le lit pierreux d'une rivière où se perd, quand viennent les crues, l'excédent des eaux nécessaires aux jardins, mais où d'ordinaire le voyageur arrivant du Hodna serait exposé à mourir de soif si la vue des palmiers de l'oasis ne ranimait pas ses forces. Ce n'est plus cette fois, comme dans les chotts, un effet du mirage, une vision mensongère de lacs ou de villes due à un phénomène d'optique, c'est une douce réalité.

Aussi, en revoyant se profiler les bâtisses de Bou-Saada, en reconnaissant la redoute où flottent nos couleurs nationales, en entendant bruire les sources qui partout s'échappent des vergers, j'éprouve une sensation de bien-être qui me fait comprendre quelle joie intérieure doit emplir le cœur du Saharien lorsque, après les longues marches du désert, la caravane peut enfin se reposer entre des murs pleins d'ombre et sous les berceaux de verdure où l'eau chante sans jamais tarir.

LE KSAR

LE KSAR

Des terrains poudreux inondés de soleil; un amoncellement de murailles grises sous un ciel sans nuages; des maisons d'argile découpant leurs silhouettes sur des bleus profonds; une cité somnolente baignée d'une lumière égale, et, dans le frémissement visible des atomes aériens, quelques ombres venant çà et là détacher une forme, accuser un geste, parmi les groupes en burnous qui se meuvent sur les places : tel m'apparaît le ksar, vers dix heures du matin, par une journée de décembre, avec quinze degrés de chaleur au plus et autant d'éclat que si nous étions en plein été.

Le regard ébloui ne sait d'abord où se poser.

C'est l'heure où s'anime la place comprise entre l'enceinte crénelée de la redoute et le front sud du ksar.

Les âniers, en sandales de paille, s'y rendent les premiers avec leurs bourriques chargées, les unes, de gerbes d'alfa pour la nourriture des bestiaux, les autres, de bois de genévrier coupé sur une montagne des environs. Les bêtes, exténuées, se couchent auprès de leurs maîtres. Ceux-ci, par paresse, négligent de les délivrer de leurs fardeaux. Les pauvres ânes attendent ainsi tant que le bois n'est pas vendu. Il en coûterait si peu cependant de les soulager !

Bientôt la place se couvre d'indigènes. Des marchands disposent par tas les fruits de conserve : abricots secs, figues écrasées, dattes gluantes autour desquelles bourdonnent les mouches. D'autres arrivent des jardins avec un approvisionnement de légumes frais. Ils étalent sur la poussière des courges de toute forme et de toute grandeur dont les ventres reluisent à côté de monstrueux navets, de chapelets d'oignons violets, de carottes pâles venues à force d'eau et qui atteignent la dimension de nos betteraves.

Allant d'un groupe à l'autre, je me glisse au travers de cette foule d'Arabes affairés. A chaque pas quelque pauvre diable, passant près de moi, me frôle de ses haillons.

La circulation se porte principalement dans la grande rue, vers les comptoirs des Mzabites et des Juifs, tout le long de leurs boutiques garnies d'un auvent faisant ombre sur les sacs de marchandises qui encombrent les portes. A la seule inspection de ces boutiques on connaît les ressources du pays, son commerce et sa primitive industrie.

Non loin des boucheries arabes où pendent au

soleil des quartiers de viande de chèvre ou de mouton, les brodeurs sur cuir et les forgerons-armuriers travaillent dans le demi-jour de leurs ateliers, loges étroites qui ne sont guère plus hautes que des niches à chiens.

Ainsi qu'un rat dans son trou, un Juif à barbe de bouc, alchimiste sordide, les paupières baissées sous le verre de ses besicles, fouille avec des pinces le fond d'un creuset où les métaux se prêtent à des alliages lucratifs, puis se convertissent en bagues, en pendants d'oreilles, en parures variées, dont la ciselure est comptée pour rien : chacun de ces bijoux curieux s'échange poids pour poids contre l'argent monnayé du client.

Plus loin, dans des magasins dont les casiers débordent de soieries, de cotonnades importées d'Europe, les nomades peuvent non seulement faire provision des articles de corroyage et de sellerie que fabriquent les indigènes, mais trouver encore divers échantillons de notre ferblanterie, des miroirs d'une trempe équivoque, des savons, des parfums, toute une camelote d'importation à l'usage de gens aimant tout ce qui brille. Ils n'hésitent pas, par exemple, à clouer sur leurs portes en palmier vermoulu des fonds de boîtes à sardines en guise d'ornements.

De chaque côté de la rue commerçante, entre les dunes et la rivière cachée par des jardins, s'échelonnent les sept quartiers du ksar. Un réseau de ruelles tortueuses et mornes permet de les parcourir. Parmi les burnous de couleur terreuse, le rouge des habillements de femme égaye un peu la nudité des murs en brique crue derrière lesquels cinq mille indigènes enferment leur vie monotone.

Comme dans tous les ksour, les maisons laissent saillir plus ou moins, à hauteur des terrasses, des pièces de bois creux servant à l'écoulement des eaux pluviales. Mais plusieurs façades se distinguent ici par leurs balcons rustiques, par des escaliers en menuiserie qui montent à l'étage supérieur. D'autres, arc-boutées sur leurs piliers de bois fruste, forment des voûtes, des portiques. La population mâle, attirée là par l'ombre, vient y rêver des journées entières. Certaines rues, toutes portes closes, donnent l'impression d'une ville inhabitée. Parfois un chien grognon, m'entendant marcher, passe le bout de son museau rageur par la fente d'une porte mal jointe.

J'avance ainsi à travers les zigzags les plus imprévus, ne croisant que de rares passants, assez pauvres gens, éborgnés presque tous à la suite de quelque ophtalmie, lorsqu'un brouhaha de voix enfantines me révèle le voisinage d'une classe d'écoliers. Guidé par le bruit, j'arrive aisément à la mdersa, école située sur le point culminant du quartier des Oulad-Attig.

L'entrée en reste libre. Au fond d'une salle obscure se tiennent vingt-cinq ou trente espiègles, les jambes croisées, devant le maître et les deux répétiteurs qui l'assistent. Point d'autre outillage scolaire que des tablettes en bois ornées de passages du Coran tracés en caractères de plusieurs couleurs.

Le maître me salue du regard sans se déranger, tandis que ses jeunes disciples, détournant sur moi leurs yeux distraits, ouvrent toute grande leur bouche et braillent encore plus fort en ma présence, tous à la fois le même verset, chacun sur un ton différent, avec si peu d'ensemble, que je me demande comment le répétiteur peut s'y reconnaître pour reprendre un élève en faute.

Épeler à haute voix, écrire ou réciter quelques préceptes du Livre sacré, tel est l'enseignement offert au petit ksourien dans sept ou huit écoles du même genre. Cela doit lui suffire pour se conduire dans la vie, si ses parents ne l'envoient pas à l'école franco-arabe. Et encore au bout de six mois sa mémoire sans durée oublie-t-elle presque toujours les connaissances utiles que notre instituteur a mises à sa portée.

Mais le moment de la récréation est venu : voilà les écoliers dans la rue, gesticulant et se culbutant. Je reste avec le professeur. Il m'engage à grimper derrière lui les degrés inégaux d'un escalier sans jour. J'évite, en baissant la tête, des plafonds trop bas, je passe sous le linteau d'une porte exiguë, puis, tout à coup environné d'air, de lumière, d'espace, je demeure ébloui, charmé : Bou-Saada se découvre en entier, déployant son amphithéâtre de terrasses qui s'infléchit au gré des renflements du monticule.

Ainsi que l'eût fait un cicerone dans un édifice public, mon guide m'invite à jouir du coup d'œil à vol d'oiseau.

Les maisons, à cette heure méridienne, montrent leurs terrasses inoccupées. De rares ombres en accusent les reliefs. Les mois, les années, le soleil, ont recuit et crevassé les blocs de terre, tandis que des pluies torrentielles en ont écorné les angles, ébréché les lignes. On dirait quelque ébauche de ville conçue dans les temps hébraïques et qui, survivant à l'écroulement de ses temples, résisterait encore à la destruction. Pas une mosquée ne dresse son minaret au-dessus du niveau des toits.

C'est sur ce tas de boue calcinée qu'est né le bon pédagogue. Jamais il ne l'a quitté. Et bien qu'il ait pu maintes fois entendre vanter les mérites d'Alger, de Constantine ou de Tlemcen, sa simplicité s'ébahit cependant sur la beauté architecturale de cinq ou six habitations aux coins relevés en triangle. Ce sont là des lieux de prière.

Il me signale en outre deux monuments minuscules, deux koubbas à coupole ovoïde tranchant par leur blancheur sur l'uniformité de l'ensemble. Il les désigne du nom des santons qui y furent enterrés.

Puis, l'air tout épanoui, il indique du doigt le sillon de verdure poudreuse qui, après avoir un moment contourné la ville et la rivière, s'arrête court dans une désolante nudité de roches ou dans les sables accumulés par le vent du désert.

Mais le Bou-Saadi aime son pays. Il n'en conçoit pas un meilleur. Son langage imagé s'épuise en métaphores pour en exprimer les délices. Bou-Saada, le nom du ksar, est synonyme de bonheur. Pour cet enfant du Sahara, ce filet d'eau courante et ces huit mille palmiers sont le paradis terrestre.

« Et toi, quel est ton pays? » dit le maître d'école, me questionnant à son tour.

Je lui réponds :

« C'est Paris.

— Et dans Paris y a-t-il aussi une rivière?

— Oui, vingt fois large comme l'oued Bou-Saada.

— Et où il y a de l'eau toujours?

— Toujours, et profonde, où voyagent comme en mer des bateaux chargés de monde et de marchandises.

— Paris est-il donc plus grand qu'Alger? »

Alors, essayant de lui faire saisir l'énormité de notre capitale :

« Oui, beaucoup plus grand, lui dis-je. Nos écoles et nos mosquées y sont aussi nombreuses que les maisons de ton ksar. Et cette plate-forme où nous posons le pied, fût-elle six fois plus élevée, n'atteindrait que tout juste la hauteur de nos demeures en pierres massives. Celles-ci couvrent une telle étendue que le meilleur cheval des Ouled-Nayls marcherait depuis l'aube jusqu'au coucher du soleil pour faire seulement le tour de leur mur d'enceinte. Partout, en dehors, sont des jardins, bout à bout, dont on ne voit pas la fin.

— Une ville pourrait donc à elle seule couvrir la plaine du Hodna? répliqua-t-il en allongeant le bras vers l'espace.

— Assurément.

« — Mais combien existe-t-il de villes semblables dans les contrées que vous habitez?

— Il en est un petit nombre d'aussi vastes ou de moins considérables, qui toutes sont autant de merveilles. »

Ici mon interlocuteur s'arrête soudain. Ce qu'il apprend de moi pèse sans doute à son intelligence. Il me laisse, fait quelques pas, se blottit dans une encoignure et ne dit plus mot, tandis que je contemple à loisir la ville assoupie dans la tiédeur qui succède au refroidissement d'une nuit d'hiver. Le ksar tout imprégné des reflets du ciel, des rayonnements, des limpidités, des tendresses, que prodigue la saison clémente, oppose avec douceur les gris fauves de ses maisons aux gris violacés des collines arides dont la base touche aux jardins de palmiers.

La caresse d'une brise faible incline çà et là les fumées qui s'échappent des foyers. Tout bruit s'amortit dans le fond des étroits passages ou reste étouffé sous les lambris des intérieurs. A peine si, par intervalles, les abois de quelque chien, le chant enroué d'un coq, viennent rompre le silence. Je perçois jusqu'aux battements d'ailes des pigeons qui traversent l'air fluide.

Parfois une ménagère surgit d'un escalier invisible, promène un instant sa silhouette sur la terrasse, puis disparaît comme dans une trappe. La nature reprend aussitôt son immobilité sévère.

Ondulant en vagues jaunâtres, les dunes prolongent leur coulée de l'ouest vers l'est et se disséminent à travers des steppes qui dépassent les chotts desséchés. A plus de trente lieues, perdues dans une brume indéfinissable, se devinent les montagnes du Tell. Seul, en ces vastes étendues, un Arabe s'éloigne sur son chameau dans la direction de Msila, et produit exactement l'effet d'une fourmi rampant sur le sable.

Parmi les ustensiles qui traînent sur les terrasses, je remarque certains appareils en forme de berceau dont l'usage s'indique de lui-même. Leur cage dégarnie pose sur des tréteaux recouverts d'un matelas de palmes séchées : ce sont des lits qu'on revêt en été d'une tenture, des refuges où les habitants vont chercher le repos quand, par les nuits étouffantes, l'air des chambres n'est plus respirable.

Le soleil, dans sa marche, supprime peu à peu les ombres. Celle qui tout à l'heure encore enveloppait mon instituteur ne protège plus que ses pieds, pendant que son nez grille doucement. Il a fini par s'endormir sans rabattre le capuchon de son burnous. Le sommeil l'a pris au milieu de ses oraisons. Ses doigts inertes lâchent les grains du chapelet qu'il porte au cou.

Je voulais, avant de m'éloigner, lui adresser un mot de politesse, mais serait-il bien convenable de réveiller ainsi ce musulman? Un trait de la vie du Prophète, dont je me souviens à propos, m'invite à n'en rien faire.

Mahomet dormait un jour au fond d'une grotte ignorée de ses ennemis. A son réveil, il aperçut, blotti dans les plis de sa robe, un chat qui sommeillait profondément. Alors sa haute sagesse lui suggéra une pensée hospitalière. Avant de quitter la place, avec le tranchant de son glaive il sépara sans bruit le pan de son vêtement et l'abandonna au confiant animal, à cet innocent « envoyé de Dieu ».

Un exemple aussi auguste me permet-il encore d'hésiter ? Le sommeil d'un chat ayant trouvé grâce devant un si grand prophète, je ne saurais trop moi-même respecter celui d'un croyant qui, de plus, est maître d'école.

Que mon dormeur se cuise donc en paix au soleil de sa patrie !

Je redescends seul l'escalier et, m'acheminant par les rues en pente, j'ai bientôt regagné la grande place, où l'on a trouvé pour moi un logement vacant.

BOU-SAADA

BOU-SAADA

Le défaut de terres labourables s'est opposé au progrès de notre établissement de Bou-Saada, qui n'est en réalité qu'une station militaire importante se rattachant au cordon de défense du Tell. Vraisemblablement son avenir restera limité à ce rôle protecteur tant que les plaines, dont on pourrait peut-être tirer parti aux alentours, n'auront pas tenté les agriculteurs.

Le commerce plus ou moins lucratif qu'entretient l'approvisionnement d'une garnison de cinq cents hommes facilite la vie à une douzaine de marchands européens, poussés par le vague espoir de s'enrichir.

Il y a peu de temps encore, un voyageur, un touriste, trouvaient là un gîte. Madame Prud'hon leur ouvrait la porte de son auberge. Elle leur installait un lit dans le modeste rez-de-chaussée, ombragé d'une treille, qu'on voit aujourd'hui se délabrer faute d'entretien, et dont les chambres vides n'hébergent plus que des familles de tarentes et de scorpions.

Mais l'aventureuse madame Prud'hon a porté ailleurs ses espérances et son hôtellerie. Il faut donc, en posant le pied sur cette terre lontaine, — à moins de dormir à la belle étoile ou d'accepter le lit offert dans l'hôpital aux étrangers sans domicile, — se mettre en quête d'un logis.

Par bonheur, au-dessus de l'arcade de la boutique d'un Juif, un appartement reste libre. Les fenêtres donnent sur la place, regardent le fort, ses quinconces, tout un quartier de la ville et la cime des collines bornant l'horizon au nord.

On me garantit la solidité d'un balcon qui a l'air de tenir par miracle. On promet de remettre en état les persiennes descellées, de reblanchir à neuf les murs anciennement barbouillés de chaux, et de lessiver à grande eau un carrelage en faïence quelque peu négligé. Enfin la femme du propriétaire, qui se présente à moi vêtue ainsi qu'une reine de Saba, surchargée de la tête aux pieds d'ornements massifs jouant sur ses membres comme les pièces détachées d'une armure, m'affirme que le tirage de la cheminée est irréprochable.

Bien entendu, pas un meuble dans tout cela. Je pourrai toutefois prendre possession de cette demeure, assez plaisante après tout, grâce à l'urbanité du commandant supérieur, qui m'offre le mobilier indispensable. Il n'entend pas non plus qu'en un pays où il est difficile de se procurer des vivres, j'aie souci de me nourrir ailleurs qu'à sa table. Chevaux, cavaliers d'escorte, sont mis à ma disposition; Lucien, soldat du 126e de ligne, est affecté à mon service, tandis que le jeune Taïeb, qui baragouine quelques mots de français, me suit déjà comme un page dans toutes mes pérégrinations.

Me voilà donc tiré d'embarras, n'ayant plus devant moi qu'une riante perspective de lendemains dont la sérénité n'est pas menacée.

LE Iᵉʳ JANVIER

LE I{ER} JANVIER

Ce petit Taïeb qui m'est donné pour interprète est un garçon de treize ans, aux yeux noirs ombragés de longs cils, au teint d'ivoire vert; de complexion délicate, distingué de manières, avec une démarche de jeune paon et un air de supériorité qui me fait pouffer de rire. Il commande aux gens. Il faut que de gré ou de force plusieurs gamins de son âge marchent à sa suite. A l'un il donne à porter mon pliant, à l'autre un parasol, à celui-là le chevalet ou la boîte à peindre dont je commence à me servir.

Le seigneur Taïeb est orphelin. Un brave et solide cavalier des bureaux arabes l'a recueilli. Le soir, il rentre chez son père adoptif. A ma porte dès le lever du jour, il y attend mes ordres.

Ce matin, en chaussettes de cuir brodé, tout parfumé de patchouli, il s'est précipité sur ma main et l'a baisée, en accompagnant son bonjour habituel d'un petit compliment où reviennent ces formules : « Dieu te donne la joie! Dieu prolonge ta vie! Tu es mon seigneur! Tu es mon père! »

Puis il a résumé ses vœux en une phrase prononcée ainsi : « Ton fils Taïeb ti souate oune bounne année. »

Sur les lèvres du jeune Arabe, ces mots consacrés sonnent bizarrement à mon oreille. Ils me rappelleraient au besoin que nous passons d'une année révolue dans une autre. Ce banal anniversaire avertit les hommes qu'une étape nouvelle commence pour eux, avec d'autres mirages à poursuivre, avec d'autres escarpements à gravir. Et chacun se recueille ou s'agite un moment avant de se remettre en route.

Le petit mouvement de ce jour de fête a pour moi l'avantage de mettre en lumière les éléments mélangés de la population de Bou-Saada.

De la place au fort vont et viennent les autorités du cru. Civils en chapeaux de soie, officiers en tenue d'ordonnance, chefs indigènes : agas, caïds et scheiks, drapés dans leurs burnous d'investiture, chacun est reçu selon son rang par le commandant du cercle. Et les factionnaires laissent entrer dans la cour du fort une populace en guenilles, toute la misère du ksar, à qui l'on distribue militairement l'obole, tandis qu'en face, parmi le défilé des puissances locales, les visages frais et les sourires de circonstance se congratulent réciproquement.

Près de là, au faubourg commerçant, se pavanent, tout endimanchés, des boutiquiers juifs devenus, par une loi récente, nos frères et nos égaux. Déjà ils abandonnent la défroque de leurs aïeux pour singer nos modes européennes. Quel changement dans la condition de ces hommes autrefois si misérables!

Les bienfaits qui découlent pour eux de notre conquête effacent peu à peu le souvenir de l'état de servitude dans lequel ils avaient vécu jusqu'alors. On sait que, relégués dans des quartiers infects, il leur était interdit de prendre des musulmanes pour épouses, de passer devant une mosquée, de se vêtir de couleurs claires, de porter des armes, de monter à cheval.

Aujourd'hui les Arabes s'indignent de nous voir élever au-dessus d'eux une race qu'ils méprisent. Ils nous reprochent cette condescendance comme une injustice, et il est naturel que leur orgueil en soit outragé. Ils ignorent que, dans nos sociétés policées, les Juifs sont considérés à l'égal des autres citoyens, pendant qu'à Bou-Saada les enfants d'Israël, n'ayant jamais quitté la limite des déserts, gardent les allures rampantes des peuples longtemps opprimés.

Encore sous la surprise des libertés nouvelles, ils osent à peine en jouir ouvertement, comme si leur prudence hésitait à les croire durables.

Cependant certains d'entre eux commencent à lever le front sous les regards dédaigneux de leurs anciens dominateurs. « Notre tour est venu, semblent-ils leur dire. Après tant de siècles d'avilissement, nous redevenons libres. Vous serez bientôt à nos pieds. »

Le fait est qu'avec les procédés usuraires dont les Juifs conservent l'habitude en ce pays, la ruine des Arabes peut aller bon train. En attendant, nos affranchis ne dédaignent point de boire à l'excès d'un mauvais alcool de figues qu'ils savent fabriquer. Plus d'un chancelle le long des murs, poursuivi des moqueries de la marmaille musulmane.

Ailleurs, dans les quartiers arabes, rien ne dérange le calme accoutumé, rien ne rappelle notre « jour de l'an », si ce n'est parfois quelque bambin qui s'accroche à moi et, la main tendue pour recevoir des sous ou des dragées, me crie d'une voix flûtée :

« Bounne année, Sidi, bounne année ! »

LA CARAVANE

LA CARAVANE

Du balcon branlant où je me suis risqué, j'observais tout à l'heure la place dans un moment où le trop-plein des familles indigènes se déversait au dehors pour respirer.

Chacun recherchait, suivant le caprice d'une température variable, tantôt l'ombre des arcades des trois ou quatre constructions qui représentent l'Europe civilisée, tantôt le soleil qui chauffait les façades des habitations juives et arabes.

Des essaims de petites filles, vêtues de couleurs voyantes, jouaient paisiblement sur le sable avec des cailloux en guise d'osselets, ou bien elles en formaient des pyramides qu'elles s'amusaient ensuite à démolir pour avoir le plaisir de les refaire.

Le centre de la place, où le jet limpide d'un abreuvoir accrochait le soleil comme les facettes d'un diamant, restait vide.

De temps à autre seulement, une femme, arrivant l'outre sur l'épaule ou quelque poterie à la main, s'y arrêtait le temps de l'emplir.

Les Bou-Saadines s'y rencontraient parfois, jasaient une minute ensemble, tout en s'entr'aidant pour replacer commodément sur leurs reins les peaux de bouc et les amphores pleines.

Alors, par la route de Djelfa, une troupe de dromadaires vint faire irruption sur la place, qui changea aussitôt de physionomie.

Ils avançaient nombreux, avec leur démarche fière et résignée. Tous tendaient le cou vers l'eau où leurs conducteurs les faisaient boire tour à tour dans les auges.

La caravane avait dû souffrir en route. Ces voyageurs venaient-ils de Tougourt? venaient-ils du Mzab?

Sous des loques poudreuses, avec leurs figures hâlées, leurs jambes nues dont l'épiderme s'écaillait, ils avaient l'aspect farouche et la couleur fauve des animaux qu'ils accompagnaient.

Les femmes qui se trouvaient là, se penchant vers eux, leur tendirent l'orifice des outres toutes ruisselantes pour qu'ils pussent à même s'y désaltérer.

Puis, quand tous eurent bu, elles reprirent à pas lents le chemin de leurs maisons.

Tandis qu'elles s'éloignaient, les chameliers les suivaient des yeux, gravement, avec une mélancolie étrange.

Il me semblait relire une page de la Genèse. Je rêvais que d'âge en âge, de siècle en siècle, cette scène s'était de cette façon reproduite journellement dans sa touchante simplicité, avec les mêmes gestes, et probablement le même dialogue.

MARS

MARS

Je me demande souvent par quelle disgrâce de la nature des hommes ont pu être amenés à adopter pour patrie un pays où ne se voient que sables et cailloux. Pour compenser les privations qu'elle leur impose, les calamités qu'elle leur prodigue presque sans relâche, cette même nature les berce néanmoins de ses charmes. Elle les endort dans le calme de ses nuits étoilées, les éveille aux rayons d'un soleil en fête qui verse à profusion la gaieté de ses éclats sur les murs de leur cité, sur la nudité de leurs déserts.

Voilà trois semaines que le temps se maintient au beau fixe. Sa sérénité augmente d'un jour à l'autre. Pas un nuage ne rompt la monotonie du ciel. Si quelque vapeur s'élève dans la matinée, le soleil l'absorbe aussitôt. Les horizons découpent leurs contours avec une netteté absolue, et telle est la limpidité de l'air, que la notion des distances échappe au regard le plus exercé.

Les vents qui d'ordinaire agitent cette saison ne soufflent pas encore. La chaleur reste modérée et bienfaisante. Singulier climat ! En dehors des jardins où l'eau circule, l'influence du printemps ne parvient pas à modifier la stérilité des campagnes.

A peine si, sur les coteaux, le bétail trouve quelques brins d'herbe poussée à l'ombre des pierres ou dans les interstices des roches. La sécheresse fane prématurément de jolies fleurettes qu'un peu de rosée, la nuit, fait épanouir au ras du sol.

En revanche, toute espèce d'insectes, de reptiles : scarabées, scorpions, lézards, vipères à cornes, tirés de leur léthargie, commencent à courir sur le sable, tandis qu'à travers l'espace les hirondelles, nouvelles venues, croisent les alouettes sédentaires. Parfois, du côté des solitudes que la rivière arrose, un couple de cigognes abat son vol.

Mais sous la fraîcheur des vergers tout pousse, tout gazouille : les merles, les rossignols, les rouges-gorges, préparent leurs couvées; les pêchers, les abricotiers, nouent leurs fruits; de jeunes pousses verdissent les branches des figuiers, les sarments des vignes grimpantes.

C'est l'époque où les Arabes montent au faîte des palmiers, dégagent de leurs détritus la nervure des palmes, recueillent le pollen des fleurs mâles sorties de leurs gaines et le reportent après sur la fleur des palmiers femelles afin d'en activer la fécondation. De toutes parts les effluves de la sève en travail exhalent des parfums.

Ce souffle de jeunesse se répand jusque dans les rues du ksar, et les ksouriens, que les mollesses de la température font sortir des maisons, semblent secouer leur torpeur pour se mettre à l'unisson de l'allégresse universelle. Des sourires égayent les visages. La vie rayonne.

Sur les places, un jeu consistant à se renvoyer une balle avec des bâtons, puis à courir dessus au premier arrivé, réunit l'âge mûr et l'enfance en de joyeuses bousculades qui soulèvent des tourbillons de poussière.

Et le soir, à l'entrée de la ville, en face des dunes, les fillettes et les jeunes garçons qui s'assemblent pour attendre le retour du troupeau commun prennent leurs ébats dans une atmosphère radieuse. Le soleil à son déclin colore de ses reflets leurs minois éveillés. Des chatoiements, des transparences exquises, rehaussent sans violence l'éclat des carnations et la bigarrure des ajustements. Je ne sais quel charme aérien avertit les sens que nous quittons une saison clémente pour marcher vers une autre plus chaude. Les jours précédents, la lumière n'avait pas au même degré cette diffusion, ces enveloppements d'ors pâles dont elle poudroie le bleu des collines.

Soulevant derrière lui une légère brume, le troupeau chemine vers le bercail après avoir battu les montagnes toute la journée. Il semble se mouvoir dans une auréole.

Tour à tour il se montre et disparaît à travers les replis des sables. Dans une confusion de taches pointillant au loin la surface lisse des dunes, on devine le grouillement des têtes, le piétinement des milliers de pattes qui se rapproche.

Puis le bêlement des animaux devient distinct. Les couleurs accusent leur variété. La silhouette des bergers se précise. Les proportions grandissent rapidement. Le troupeau avance d'un pas allègre. Il se presse, se bouscule aux portes.

Alors les enfants courent, se postent en travers de ses lignes. Chacun y reconnaît son bien, le rejette hors du défilé, pourchasse le bétail qui s'écarte, réunit les agneaux, les chevreaux, aux mères effarées dans cette mêlée pastorale.

Puis, dispersées par groupes sur différents chemins, les bêtes dociles précèdent leurs guides enjoués vers les logis où l'instinct les pousse.

Et la nuit ramène l'ombre et le silence.

LA RIVIÈRE

LA RIVIÈRE

Par les sentiers d'irrigation qui séparent les jardins en fleur, je descends de bon matin jusqu'au lit de la rivière, errant sur ses galets, escaladant les filons rocheux qui, à tout moment, détournent ou divisent le cours d'une eau peu profonde, guéable sur tout le parcours.

Le soleil n'atteint que la cime des palmiers qui, sur les deux rives, déploient leurs panaches toujours verts. Dans la clarté des ombres, l'eau tranquille reflète les escarpements des berges, avec les cactus épineux et les lianes grimpantes qui foisonnent dans le roc.

Personne encore ne paraît dans cette solitude où chantent les oiseaux, où s'épandent les aromes printaniers d'une sève qui partout bourgeonne et fleurit.

Mais dès que le soleil, trouant l'épaisseur des végétations, rayonne en traînées lumineuses sur les fonds humides de la rivière, les femmes des divers quartiers du ksar arrivent une à une, par petits groupes, et vont installer leurs lessives aux places accoutumées.

Elles disposent sur les galets leurs nippes bariolées.

Puis, retroussées jusqu'aux hanches, elles les foulent du pied, en cadence, jetant de droite et de gauche leurs jambes nues, de telle sorte qu'à première vue l'on croirait assister aux exercices d'un corps de ballet. Le rapprochement s'impose d'autant mieux à l'esprit que la nature semble avoir combiné l'effet de son paysage suivant les données théâtrales. Çà et là, les costumes scintillent comme sous le jet de lumières factices, dans une décoration où tout s'arrange au souhait du spectateur.

A mesure que les blanchisseuses finissent leurs savonnages, elles tordent leurs draperies mouillées, les font sécher sur le sable où se vautrent leurs enfants nus. Ou bien, enjambant la roche, elles courent les étaler le long des murs qui soutiennent les terres des vergers.

Ce papillonnement désordonné, cette variété d'actions diverses, de pantomimes bizarres, d'ajustements flottants qui déshabillent les chairs, où les corps ruinés des vieilles gesticulent parmi les souplesses des beautés mûres et les grâces juvéniles de l'adolescence, tout cela, au milieu des arbres en pleine floraison, compose un ensemble extraordinaire, harmonieux dans des notes extrêmes, qui étonne et ravit les yeux.

PRIÈRE DU SOIR

PRIÈRE DU SOIR

Derrière moi, plusieurs monticules hérissés de rochers me cachent une à une les maisons de Bou-Saada. Je cesse bientôt de voir l'oasis, ses palmiers, ses bancs de sable. J'avance au sud, en plein cœur d'été, avec un spahi pour guide, et suivi d'un muletier qui, pieds nus, gardant à la main ses sandales de paille pour les ménager, excite de temps à autre par un cri la mule chargée de nos cantines.

Nos chevaux foulent avec peine un sol dur et pierreux, succession de plateaux désolés, servant de transition aux contrées mystérieuses que les indigènes désignent d'un nom qui se passe de commentaire : Pays de la soif !

Ici, les ondulations de dunes peu élevées varient l'aspect des solitudes ; là, d'interminables steppes laissent croître l'alfa, le drinn, et d'autres végétaux, tordus par la sécheresse.

De l'aube au déclin du jour, nous marchons sans

qu'un nuage vienne tempérer l'ardeur du soleil, dont le disque rayonne au-dessus d'une nature fauve.

Dès l'aurore, l'astre radieux émerge à l'horizon sans brume. Chaque soir il s'éclipse avec une splendeur nouvelle.

Sur les terrains brûlés, nos ombres raccourcissent ou allongent graduellement, au cours monotone des heures.

Rien ne bouge en dehors de nous, rien ne rappelle la vie. Quand nulle brise ne souffle, l'absence de mouvement devient plus sensible encore. Notre petit groupe semble s'aventurer sur quelque terre inhabitée.

Pendant la halte de midi, sous l'accablement de la chaleur, on se réfugie dans un pli de la dune, dans le creux d'un rocher, ou encore sous l'ombrage d'un de ces *bétoums* (pistachiers) solitaires, qui soulagent le regard de tant d'aridité. Ces arbres, aux rameaux tondus par les chameaux des caravanes, mutilés à leur faîte par des voyageurs à court de bois, défient la saison torride, comme ils résistent à la hache, à la dent des ruminants. Souvent, à distance, leur dimension s'exagère. On les prend pour des arbres géants quand le mirage se fait un jeu de tromper nos sens, peuplant, comme à sa fantaisie, les grands espaces nus, de fantômes de villes ou de lacs illusoires.

Parfois, à travers les plaines sans limites, des dromadaires dont les gardiens, blottis sans doute en quelque endroit frais, ne se montrent pas, s'en vont pâturant devant eux, le cou tendu, ou baissant la tête pour brouter une plante sauvage.

Chaque jour ressemble au précédent. Point d'événement qui en marque le passage, et cependant, tant l'impression de grandeur nourrit l'âme qui la recherche, quelles journées pleines !

Vers le milieu de la onzième, nous joignons un groupe d'Arabes détachés de la tribu des Larbaa. Ces gens, d'allures bibliques, mènent un convoi d'une soixantaine de chameaux au marché de Constantine pour s'y ravitailler, le blé faisant défaut sur leur territoire. Nous cheminons ensemble vers le même campement, prenant, nous, un peu d'avance sur eux, afin d'éviter la poussière soulevée par les chameaux.

Enfin, au jour baissant, un douar de nomades se découvre. Ses tentes, zébrées de bandes brunes, forment le cercle, à proximité de plusieurs puits qui se manœuvrent à l'aide d'une perche faisant bascule, tels qu'il s'en trouve encore dans nos campagnes.

En l'absence du scheik, un vieillard s'avance, me conduit à la tente des hôtes, où je mets pied à terre pendant que la caravane, arrêtée aux confins du douar, dispose son bivouac. Ceux-ci assemblent les chargements, ceux-là dirigent vers les puits les chameaux délivrés de leurs bâts.

Allongé sur un tapis, tandis que près de moi le scheik demeure silencieux, je puis, sans me déranger, suivre tous les mouvements des grands animaux se désaltérant dans les margelles.

Comme ils ne passent que tour à tour à l'abreuvoir, les derniers servis boivent encore au moment où le soleil embrase le couchant sur toute son étendue. Entre leurs jambes arquées, tout au fond de la plaine dont la ligne extrême simule l'horizon d'une mer calme, se profilent, dans un poudroiement d'or, les cimes aplaties d'une rangée de collines bleues.

La nuit approche. Une ombre violâtre enveloppe rapidement la tribu d'Arabes qui vivent là presque sans besoins. Déjà les troupeaux, ramenés des pâturages, bêlent autour des tentes. Heure de repos, d'apaisement, où le silence qui s'établit dans la nature gagne peu à peu les hommes et les animaux. On n'entend bientôt plus que la rumeur accoutumée des femmes occupées à traire les brebis, ou le cri des bergers qui parquent leurs bêtes.

Alors, dominant tout bruit, une voix d'homme s'élève, vibrante. Elle module, ainsi qu'un chant, l'appel à la prière, quatre fois répété aux échos, et dont les terminaisons meurent en notes longues et sonores.

Le rassemblement s'accomplit. Aux hommes du douar viennent se joindre ceux de la caravane. Tous se prosternent, la paume des mains tournée vers la poitrine, le regard tourné dans la direction du tombeau de Mahomet. « *Allah ah Kbir!* (Dieu est grand!) » prononce à haute voix un thaleb en commençant la prière du soir.

— *Allah ah Kbir!* répète l'assistance.

Le pieux murmure, que nul temple n'emprisonne, répand son harmonie dans l'infini de l'univers.

Ainsi ces cœurs simples, se confiant à une bonté suprême, élèvent vers l'Éternel leur plainte, leur espérance. La religion vient consoler cette poignée d'êtres humains qu'une vie errante met à la merci de calamités sans nombre.

« Dieu est grand ! Dieu est grand ! » redisent ensemble les croyants, tandis que derrière eux l'auréole du soleil disparu empourpre encore la transparence des vêtements blancs, et que, des hauteurs du zénith, le ciel laisse tomber des reflets d'azur sur tous les dos courbés vers la terre.

Quand le verset final expire sur les lèvres du prieur, les ombres de la nuit obscurcissent les visages. Alors les groupes se séparent. Chacun regagne son foyer.

Le douar ne dessine plus qu'une silhouette noire, découpant sur le ciel de légères fumées dont les colonnes, droites au-dessus des tentes, se dissipent promptement dans l'air, qu'aucun souffle n'agite. A peine entend-on bruire, à travers le silence, les mâchoires des ruminants, l'aboiement de quelque chien aux écoutes.

Dans le lointain, les horizons se couvrent de mystère. Peu à peu le ciel se constelle. La lune s'élève avec majesté. Toute la nature semble s'associer à cette parole de l'homme :

— Dieu est grand !

LES CHIENS DU DOUAR

LES CHIENS DU DOUAR

Les yeux fauves, obliques, rapprochés; le museau long, effilé; des moustaches de chat, la gueule amplement fendue, les oreilles pointues et droites; la face, des mâchoires aux tempes, encadrée d'un collier de fourrure dont les poils, hérissés en crinière sur le cou, se fondent harmonieusement dans une robe laineuse, de couleur roussâtre, nuancée de blanc au poitrail; le corps bien proportionné; la queue basse, traînant un panache épais; une taille robuste, élégante et souple, avec la démarche prudente du chacal, du renard ou du loup, tel est l'ensemble des traits qui distinguent l'ordinaire gardien, l'inséparable compagnon de l'Arabe.

En petit nombre dans les ksours, où l'habitant sédentaire verrouille sa maison, les chiens constituent pour les nomades une imposante milice. Chaque tente en possède plusieurs, et n'aurait-on passé qu'une nuit dans quelque douar hospitalier, l'oreille garde le souvenir de ces hôtes bruyants. Leurs aboiements enroués, aux intonations discordantes, qui se répondent et parfois se mêlent aux glapissements des chacals, sont la terreur du voyageur fatigué.

Nuit et jour ils veillent près de l'habitation, donnant de la voix au moindre bruit qui se révèle au loin. Si le bruit se rapproche, si quelque étranger se dirige vers le douar, ils bondissent aussitôt jusqu'à leurs avant-postes et se rangent en bataille devant le visiteur intimidé, qui n'ose plus faire un pas et se voit obligé de parlementer à distance; mais déjà son appel est devancé, des hommes viennent à sa rencontre; sous une grêle de pierres, la meute se sépare, et chaque chien regagne sa place en mordant de rage les projectiles qui lui sont jetés.

Habitué à ces rebuffades, le gardien des douars les subit avec résignation. L'Arabe, orgueilleux, ne manifeste de sensibilité qu'à l'égard du noble *slougui* (lévrier). Toutefois, s'il accorde à celui-ci le libre accès du logis, si, par mille soins empressés, il ménage ses délicatesses et va jusqu'à céder à ses caprices, il ne s'abaisse pas au point de laisser paraître l'affection qui le lie au compagnon de ses plaisirs. L'attachement singulier que les Français témoignent au chien semble au musulman un grave oubli du respect humain, et les embrassements prodigués à cet animal méprisable comme à un être doué de raison, sont constamment l'objet de ses railleries. Pour lui, loin de récompenser par une caresse le serviteur qui le garde avec tant d'opiniâtreté, il ne daigne même pas s'occuper de sa nourriture. L'infortuné chien, traînant une vie misérable, cherche sa subsistance autour des campements. Réduit, presque en tout temps, à se contenter d'aliments immondes, tout au plus arrive-t-il à ne pas mourir de faim. Battu sans cesse, lapidé, il est maigre, marqué de plaies. Et cependant cet esclave aimant se réjouit à la vue des êtres qu'il sert : au départ comme au retour, il leur rit, agite humblement l'éventail de sa queue. Boiteux ou malingre, affaibli par les jeûnes ou éclopé à la suite des coups qu'il reçoit, il montre un zèle toujours égal, et rien, ni les privations ni les mauvais traitements, ne saurait ralentir l'ardeur et la constance de l'instinct admirable qu'il tient de la nature.

Turbulent et fanfaron dans la zone de son commandement, le chien arabe est tout autre en liberté, quand il rôde ou guette une proie. Il avance alors d'une allure féline, la queue entre les jambes, l'oreille au vent, toujours soupçonneux, ne s'aventurant en dehors des sentiers battus qu'avec mille précautions, s'inquiétant de l'objet qu'il n'a pas encore flairé, s'arrêtant, se détournant, devant toute apparition humaine. On ne sait presque plus, surtout à la tombée du jour, si c'est une bête sauvage ou un animal domestique. De fauves accouplements résultent parfois de ce vagabondage. Les chiennes, après leurs courses affolées, mettent bas de certains métis en qui s'altèrent et s'amoindrissent les qualités d'une race dont le type original peut avoir de l'analogie avec le chien de berger de nos contrées.

Il semblerait qu'un peuple pasteur ait dû songer tout d'abord à confier la garde de ses troupeaux à ce vigilant gardien. Jusqu'ici pourtant l'Arabe s'est passé de son concours, soit qu'il ait méconnu, soit qu'il ait dédaigné l'avantage qu'il en pouvait tirer. C'est ainsi que, chez les nomades, en plaine comme dans la montagne abrupte, l'office de chien est rempli par le berger lui-même : il pourchasse et ramène à coups de pierres, quand la voix ne suffit pas, les brebis qui s'écartent.

Si l'indigène s'est privé là d'un auxiliaire qu'il eût facilement dressé à conduire le bétail, il a su cependant l'utiliser lorsqu'il s'est agi de poursuivre l'animal impur dont un commandement du Prophète interdit de manger la chair. Donne-t-on dans certaines tribus la chasse au sanglier, lévriers et chiens de garde, lâchés ensemble sur ses traces, rivalisent d'adresse et de courage. Le flair des uns seconde l'agilité des autres. Le déshérité partage avec son rival les blessures faites par l'ennemi, et s'il succombe en combattant, qu'importe la perte ! Comme son frère privilégié, le pauvre hère n'a pas d'ancêtres dont on vante les exploits, ni de rejetons qui soient d'un grand prix.

De temps à autre, jours fortunés où peuvent enfin s'assouvir les appétits longtemps contenus, la mort apporte en pâture, tantôt un cheval, tantôt un chameau ou quelque pauvre bourrique morte à la peine. Lorsque dans le cours d'un voyage une bête de somme s'abat en chemin, la caravane l'abandonne, les fauves de la contrée la dévorent, ses ossements battus par les vents deviennent, dans les vastes solitudes, d'utiles points de repère pour le voyageur égaré; mais quand, au milieu du campement, meurt un des animaux de la tribu, son cadavre est aussitôt traîné à l'écart, à une ou deux portées de fusil des tentes.

Là, sur un plateau pierreux, a été jetée la dépouille d'un cheval étendu les crins épars, les membres raidis, un genou légèrement replié sur l'autre. L'encolure aplatie semble enfoncer dans le sable. La tête osseuse ne montre plus que des naseaux flasques, une bouche entr'ouverte et des dents souillées d'une bave visqueuse et verdâtre. L'effort du râle final n'a pas sensiblement modifié l'expression de douceur passive qui caractérise le docile animal. Mais le tarissement des fluides a tendu la peau comme un parchemin sur le chanfrein brusqué de la face, dont les moindres saillies apparaissent. L'œil terne, demi-clos, s'est profondément retiré dans la cavité de l'orbite. En partie voilé par une longue touffe de crins, le front large et intelligent fait songer aux qualités morales de ce vieux serviteur dont la destinée, à travers les fatigues et les périls, fut si étroitement liée à celle de son maître. Sa vie s'est usée au caprice d'une force dont il n'avait pas conscience et que la moindre de ses révoltes eût pu briser. Et maintenant la nature convie tout un peuple d'affamés à se disputer ses restes. De ce corps inerte, elle fait une proie autour de laquelle s'allument de nombreuses convoitises. L'appât de cette chair inanimée met en mouvement les carnassiers des alentours. Tous quittent leurs retraites mystérieuses et vont à la rencontre de la proie pressentie, tandis que les gardiens du douar épient l'heure favorable pour s'en repaître les premiers.

Tant qu'un être humain circule sur les sentiers, les prétendants se méfient de quelque embûche, les hésitations se prolongent. Au-dessus de l'animal immobile, les volées de corbeaux et de vautours à blanche collerette traversent le ciel de long en large. Les chiens, louvoyant, rôdent de leur côté. L'effronterie des corbeaux, qui s'abattent sur la triste pâture et la couvrent de leurs masses noires, va les décider à intervenir : drame étrange, où la force et la ruse sont aux prises. Épouvantés par ces nouveaux convives, les oiseaux voraces fuient d'un vol bas, et vont, à quelques pas de là, guetter le moment où ils pourront revenir sans danger.

Un chien au pelage de lion et de mine féroce s'est avancé avec hardiesse. Il flaire en tous sens le cadavre; puis, tranquillement, pose sur lui la patte en même temps que ses crocs fouillent l'endroit tendre et s'y enfoncent. Arc-bouté sur ses jarrets nerveux, les muscles du cou gonflés par l'effort, il déchire les flancs, met à vif les côtes rouges et saignantes, et tirant à même la chair crue de toute la puissance de ses mâchoires, il en arrache des lambeaux qu'il dévore gloutonnement, pendant que ses pareils, attendant à leur tour postés de loin en loin, l'observent avec anxiété et se lèchent le bout du museau en reniflant l'odeur de venaison. Plusieurs impatients, que torturent les tiraillements de la faim, se hasardent d'un pas sournois jusqu'auprès de l'usurpateur, dont le poil se hérisse, mais leur prudence égale leur désir : n'osant lui disputer la place, chacun se résigne à laisser se rassasier ce soupeur farouche qui n'admet personne à sa table et découvre en grognant ses dents sanglantes au moindre signe d'hostilité. Parfois, cessant de manger, il dresse l'oreille : un bruit lointain l'inquiète, il suit avec défiance l'allure d'un cavalier qui chemine à travers la plaine, puis il achève son hideux repas, abandonnant ensuite la proie à la voracité de nombreux compétiteurs.

Rarement ces chiens consentent à se supporter côte à côte dans le partage d'un butin commun. La jalousie provoque, au contraire, des combats obstinés, à la faveur desquels les faibles et les poltrons, sentinelles patientes, réussissent à saisir leur part. Sous la morsure des gueules avides qui tour à tour déchirent sa chair et broient ses os, le cheval n'offre bientôt au regard qu'une carcasse éventrée dont les entrailles sont traînées çà et là et dont les membres désarticulés s'éparpillent sur le sol.

A l'heure où les bergers reviennent des pâturages en poussant leurs troupeaux, quand les fumées du repas du soir montent légères sur le fond d'or du couchant, une lueur rougeâtre vient mourir sur le squelette informe, illuminant d'un ardent éclat les débris de cet être abîmé dans le mouvement de transformation universelle. De magiques reflets se jouent un moment dans la transparence des cartilages et des tissus sanglants; puis la nuit gagne doucement la plaine, et le silence se refait peu à peu autour des sinistres épaves. Est-ce l'instinct du devoir ou la force de l'habitude qui rappelle alors le chien vers la demeure de son maître? L'ombre lui inspire-t-elle une terreur subite, ou bien, flairant l'approche des animaux nocturnes, redoute-t-il d'engager la lutte avec les bandes des hyènes et des chacals? Un à un ils rejoignent les tentes dont les feux commencent à briller, tandis que le soleil s'éteint majestueusement à l'horizon.

LE FOU

LE FOU

La foule, qui le connaît, se range sur son passage. C'est un fou.

Il marche dans la vie, les yeux ouverts, insensible à l'éclat du ciel, au murmure des eaux. Il va devant lui, errant, poussé par le hasard. Le soir le surprend loin de la ville ou loin du douar. Il se couche, et l'étoile seule peut voir ce vagabond qui dort. La porte où il frappe est sanctifiée : elle s'ouvre ; on l'accueille ; on lui fait place au foyer. Dans la rue comme dans le sentier désert, sa rencontre est un heureux présage. La poussière qu'il foule est sacrée. Toucher son vêtement préserve du mal. Un lambeau du haillon qui le couvre devient amulette. Au seuil de la tente, on fait taire les chiens dès qu'il paraît. Le chef s'incline devant lui et le baise au front, car il attire les bénédictions d'Allah. C'est un fou : Allah garde cette âme innocente.

On le laisse ainsi suivre son destin. Il vieillit; sa barbe blanchit, son front se ride, ses yeux se ferment; il meurt.

Et ses frères, recueillant sa précieuse dépouille, l'ensevelissent en terre sainte, auprès des tombeaux augustes des marabouts.

LES LABOURS

LES LABOURS

Les pluies sont enfin venues, abondantes.

Déjà la terre se couvre, en maints endroits, d'herbe naissante. Quelques fraîcheurs vertes paraissent au pied des collines et, de place en place, égayent les étendues fauves desséchées par les ardeurs d'un été d'Afrique. Un frisson de vie semble courir sur les surfaces calcinées. Ce n'est plus que par intervalles que le ciel découvre son azur implacable. De belles masses de nuées le traversent du matin au soir, promenant leurs grandes ombres sur les montagnes, ou reflétant leurs teintes grises dans les mares qui se forment, après chaque ondée nouvelle, sur les parties amollies de la plaine.

Le mince filet d'eau qui menaçait de se tarir entre les berges escarpées de la rivière s'est transformé en un torrent que son lit n'est plus assez large pour contenir. On entend le bruit sourd de ses eaux affolées, et, au-dessus du rideau de tamarins qui s'inclinent sur ses rives, retentissent les effondrements, les chocs, les brisements de ses roches entraînées et les chutes des arbres déracinés par la force du courant.

Un vent âpre amène sans relâche de nouvelles brumes qui voilent les sommets des montagnes. L'automne a jauni le feuillage des térébinthes. Les douars nomades fixent leurs campements : c'est l'époque des labours.

L'Arabe fait venir son *krammès* (métayer). De même qu'il assure au berger, pour la garde de ses troupeaux, sa part de lait et sa part de toisons, de même le possesseur d'une terre s'engage à laisser le cinquième des récoltes à celui qui défriche, sème, laboure et moissonne. Il doit lui donner les aides indispensables, fournir le blé, l'orge des semailles, et selon ses ressources, les chevaux, les bœufs, les mulets, les ânes et les chameaux, qui tour à tour sont destinés à traîner la charrue, branche noueuse munie d'un éperon en fer, araire des premiers âges, qu'on attelle avec des liens d'alfa.

La terre est détrempée ; les arrangements sont conclus ; aussitôt le *krammès* commence ses travaux. On peut le voir, dans les brouillards du matin, menant ses bêtes à travers les campagnes. Au premier rayon du soleil levant, son burnous flotte dans une buée d'or. Il chemine, suivi de quelques aides, vers les terres de rapport quand le pays en est pourvu ; mais si le sol dont il doit tirer parti n'a jamais senti le fer de la charrue, il lui faut, dans l'espace couvert de broussailles, trouver l'endroit fertile, le disputer aux pierres, aux racines. Parfois, pour abréger ce dur travail, lorsqu'un bon vent vient à souffler, il sort un briquet de la bourse de cuir qui pend à sa ceinture, en fait jaillir une étincelle, enflamme quelques herbes sèches. Une vapeur noire s'échappe d'un buisson qui pétille, embrase les buissons voisins.

Alors s'élèvent au-dessus de la plaine en feu ces fumées épaisses qui, pendant le jour, dessinent dans les airs leurs gigantesques spirales et qui, la nuit venue, projettent dans l'ombre des lueurs farouches. Il est des heures où, jusqu'au bout de l'horizon, tout autour de soi, on peut voir dans la plaine et sur les flancs des montagnes plusieurs de ces incendies mourant et renaissant sous l'impulsion des brises nocturnes. Spectacle saisissant qui épouvanterait tout autre que l'habitué de ces régions. L'Arabe suit d'un regard tranquille ce solennel envahissement de la flamme. Il sait que le travailleur en a limité l'étendue, soit en utilisant l'arrêt naturel des cours d'eau, soit en pratiquant des tranchées avec la hache ou la faucille.

D'ordinaire ces premiers défrichements se font autour des campements; ils ne s'étendent davantage qu'en raison des besoins de la tribu. L'Arabe n'est point soucieux des richesses qu'il lui faudrait acquérir par un travail opiniâtre. Il mesure son effort aux nécessités du présent. Demain appartient à celui qui tient les fils de sa destinée. Indolent, fataliste, tout occupé d'une vie future, il s'inquiète peu de prévenir la mauvaise fortune, et subit sans se plaindre les effets de son imprévoyance habituelle. Que la vitalité d'un sol vierge vienne à tromper ses espérances, que la sécheresse anéantisse le germe de ses récoltes, que les sauterelles s'abattent sur ses champs verdoyants, alors, surpris devant ses silos vides, sans ressources pour lui, sans pâturages pour ses troupeaux, impassible, il dispute à la famine une vie aventureuse. Le croyant se soumet à la volonté d'Allah !

Les paysans de nos contrées pourraient s'étonner de voir semer avant de labourer : telle est cependant ici la coutume. Les avantages de la herse sont inconnus. La charrue passe, et le grain peut couver, germer, sous les éboulements du sol. Le semeur, d'un pas inégal, parcourt en tous sens les terres prêtes à recevoir la semence. Il va, fouillant dans son burnous, tantôt prodigue, tantôt parcimonieux, tantôt émiettant le grain, tantôt le jetant à poignées, évitant la roche, les racines trop touffues, tournant les obstacles, et passant, la main fermée, dès qu'il rencontre une place inféconde.

Les voilà tous à l'œuvre, défricheurs, semeurs, laboureurs. Ceux-ci sont des enfants de la tribu des Beni-Ouassin ; ceux-là, montagnards marocains des Beni-Snassen, se reconnaissent à leurs membres robustes, à la tresse de cheveux noirs qui leur tombe sur la nuque, et surtout à cette façon noble de jeter par-dessus l'épaule l'extrémité du haïk, ressemblant ainsi à des Romains drapés dans leur toge. Quelles attitudes viriles, quelle ampleur dans les mouvements, lorsque, s'aidant de la fourche, ils font tomber à leurs pieds, à chaque coup de faucille, le bois épineux des jujubiers sauvages!

Les femmes, on le sait, partagent avec les animaux les plus rudes besognes. Rarement on les voit sans fardeau; le moindre, le plus doux aussi, est leur nourrisson. Faut-il renouveler les haies protectrices qui défendent l'abord de la tente, c'est à elles que revient le soin de rassembler les épines en énormes fagots. On les voit, courbées sous leur poids, disparaissant sous leur masse grise, reprendre le chemin du douar et traverser intrépidement la rivière avec ces broussailles sur le dos et de l'eau jusqu'aux jarrets.

Ainsi les heures fuient dans la paix du travail, le sol change d'aspect, se couvre de cultures et se transforme en terres fertiles.

On suit avec attention les divers épisodes de cette vie agricole et pastorale, on se croit transporté au sein de ces familles de patriarches qui donnent tant de poésie aux premiers feuillets de l'histoire des Hébreux. Et ces paysages tranquilles, ces mœurs austères, ces bergers paisibles, ces fumées qui montent près des tentes, semblables à celle des holocaustes, reportent l'esprit vers les époques bibliques.

Le grandiose se dégage de la rusticité des travaux des champs. Qui ne s'oublierait dans la contemplation de ce labeur primitif, poème éternel, dont la sublime éloquence arrête l'homme de la civilisation devant l'homme de la nature? En quelque lieu qui ait des champs pour horizon, on se plaît à retrouver cette figure du laboureur poussant son attelage dans le sillon. De tout temps les maîtres l'ont choisie pour symboliser le travail. Toujours elle passe devant le regard comme une apparition héroïque.

Il n'est, en ce pays, rien qui ne se revête de quelque beauté sévère, étrange ou pittoresque. A côté des bœufs classiques, menés sous le joug, s'essoufflent deux petits ânes ébouriffés qui rasent la motte de terre avec leurs museaux. Ici, l'œil est attiré par l'accouplement original d'un bœuf et d'un mulet. Là, se détache sur le ciel la silhouette dégingandée d'un de ces grands dromadaires, forts et dociles, qui traînent une charrue comme un grand enfant manierait un jouet. Curieusement harnaché avec des traits de paille et des sangles en tapisserie, cet animal avance, avec une allure de navire entrant dans un port, lent et grave, l'œil fauve et hautain, le cou tendu, les naseaux en l'air. Le réseau de franges qui lui ceint le poitrail balance en mesure ses glands écarlates, et promène ses gaietés criardes sur son poil roux ; chaque pas de son amble caractéristique imprime dans le sol mou l'empreinte de ses larges pieds. Une femme, dont l'air et l'accoutrement sont presque sauvages, précède l'animal. Tandis qu'elle berce sur ses reins l'enfant endormi dans les plis de son haïk, elle tire légèrement le fil qui doit, si le dromadaire est distrait, le maintenir dans la ligne droite ou l'obliger à tourner au bout de chaque sillon nouveau. Le laboureur termine le cortège, chaussé de sandales en peau de chèvre, dont les lanières tachées de boue s'enroulent autour de ses jambes nerveuses. Ses membres nus ont des contractions d'athlète. Tantôt, le corps renversé, il pèse de toute sa force sur la poignée de la charrue pour engager le fer plus profondément; tantôt il allonge le bras qui tient l'aiguillon, et, avec un cri brusque, il excite le nonchalant animal.

De temps à autre, pour reprendre haleine, dans une pose altière, il se campe auprès du dromadaire arc-bouté sur ses jambes calleuses. Si c'est l'heure des génuflexions, il se prosterne avec simplicité, murmurant sa prière. Puis de nouveau il poursuit sa tâche. Le soc tranchant fend la terre, l'ouvre, la retourne et culbute, sur son passage, oignons de scille, chardons, asphodèles; il broie mille fleurs sauvages, et jette l'épouvante et la destruction dans les familles d'insectes pullulants. Des volées de bergeronnettes légères, empressées, s'abattent sur ces proies surprises dans leurs abris.

Ce n'est plus, le soir, qu'un champ aux sillons inégaux, une couche d'argile brune, laborieux ouvrage de l'homme, et qui attend les germinations merveilleuses de la nature.

LE
MARABOUT D'EL-HAMEL

LE MARABOUT D'EL-HAMEL

El-Hamel! Ce nom vient souvent aux lèvres de l'Arabe : il désigne un ksar d'humble apparence, silencieux et morne au milieu des soulèvements rocheux qui, à quelques lieues au sud de Bou-Saada, se succèdent ou s'enchaînent avec le même aspect aride.

Mais un religieux respect s'attache aux murs d'El-Hamel : ils enferment l'asile d'un des chefs de marabouts les plus influents.

Si El-Hadj-Bel-Kaçem, dignitaire actuel, aussi vénéré que le sont les Tedjini au sein de leur *zaouia*[1] d'Aïn-Madhi, s'est acquis en ces contrées la réputation d'un sage. Ses coreligionnaires vantent son savoir autant qu'ils honorent sa piété. On ne regarde pas aux distances pour le venir consulter. De toutes parts les offrandes affluent.

---

[1] Établissement religieux qui renferme une école supérieure, et où l'on explique les Écritures sacrées et le droit musulman.

Le renom de son marabout fait d'El-Hamel un but de pèlerinage. Les indigènes se détournent de leur chemin pour s'y arrêter. Mais les Français, qui n'ont point d'affaires avec sa population, ne songent guère à le visiter. De leur côté, les gens du ksar, bien aises d'échapper à un voisinage détesté, n'entrevoient les visages de leurs conquérants qu'à de longs intervalles ; ils se contentent d'apprécier leurs mœurs à travers les histoires racontées aux veillées, légendes faites pour inspirer aux jeunes le mépris des chrétiens, aux vieux, le regret de temps plus heureux.

Cependant, sur les hauteurs qu'ils habitent, vieux et jeunes sont en ce moment retenus dans une attention immobile. Les ksouriennes, pour mieux voir, garnissent les terrasses avec leurs nichées d'enfants. Nulle défiance d'ailleurs ne se mêle à la curiosité qui tient tous les yeux fixés au même endroit de la plaine.

Un objet roulant s'y montre pour la première fois. Avec une allure pacifique s'avance un léger break dont les quatre places sont occupées par des dames françaises, ombrelles déployées, et près duquel galope un petit groupe d'officiers et de spahis.

Le marabout Si El-Hadj-Bel-Kaçem, chacun le sait, reçoit amicalement le commandant du cercle. Et les coups de feu qui retentissent aux approches du ksar sont des saluts de paix.

Pour atteindre la côte rapide qui monte jusqu'aux maisons, le break se fraye à tous risques un passage. Tantôt il grince sur les cailloux, tantôt il foule des champs d'orge. Il n'y a bientôt plus moyen d'avancer.

Les dames descendent de voiture. Les cavaliers mettent pied à terre. Le marabout vient à nous, salue ses invités, puis les conduit à sa demeure, ou plutôt, à la chambre des hôtes qui lui est annexée, attendu que personne, pas même les parents du saint homme, ne pénètre dans ses logements, construction haute et massive comme une forteresse, sans jours extérieurs, dont les solides portes sont fermées. Un profond mystère plane sur la vie privée d'un tel personnage.

Le pieux gynécée s'entr'ouvre toutefois un peu en faveur de nos dames. Elles sont admises dans plusieurs appartements. Le marabout les guide lui-même à travers maints corridors sombres, un trousseau de clefs en main, ouvrant serrures et verrous, afin de leur présenter sa mère, vieille et impotente, deux épouses légitimes et une fille unique, sainte créature dont le visage marqué par la variole est rehaussé de petits tatouages.

A côté de ce personnel ostensible, d'autres chambres restent fermées aux visiteuses. Là se tiennent, paraît-il, au nombre d'une quarantaine, des femmes de condition libre : orphelines, filles vouées au célibat, épouses divorcées, veuves retirées du monde, dévotes consacrées au service d'Allah, vivant aux frais du marabout comme nonnes au couvent.

Mohammed-Bel-Kaçem est l'un de ces directeurs dont la parole écoutée sert de trait d'union entre les pays musulmans que la politique a séparés et qui, par les contacts des caravanes, échangent leur mot d'ordre jusqu'au Tombeau du Prophète, le grand point de ralliement.

Tandis que son action morale s'étend presque sans limites, sa personne physique se retranche dans la vie sédentaire à laquelle le condamne une obésité qui l'alourdit de plus en plus; c'est toute une affaire de le hisser sur son cheval ou de l'en descendre. Le marabout peut donc sans partage se dévouer aux intérêts de sa *zaouia*, au commerce de ses *tolbas* (lettrés), à l'instruction de ses disciples, étudiants en droit musulman, logés dans des cellules ainsi que des séminaristes, et qui presque tous, par inclination, passent le reste de leur vie en ce lieu de paix, de méditation, de recueillement.

Le docte Bel-Kaçem a pour nous le tort de ne pas parler un mot de notre langue. Nous n'apprécions son éloquence qu'avec l'aide des interprètes. Après avoir répandu quelques bénédictions sur les hôtes que Dieu lui envoie, il témoigne du bonheur qui, en présence d'une si agréable réunion d'amis, « rougit son visage », suivant l'expression qui attribue des idées de joie à l'éclat des couleurs incarnates, en opposition à la couleur jaune qui, marchant de pair avec les pronostics funestes, fait dire à l'Arabe, pour mieux marquer sa haine à un ennemi : « Que Dieu te jaunisse la face! »

Une longue table est dressée pour les convives, contrairement à l'usage de manger assis par terre.

Durant deux heures défilent tous les raffinements de la cuisine arabe.

Par égard pour un hôte si respectable, on s'est bien gardé, de notre côté, d'introduire le vin, ni les choses défendues qui d'ordinaire nous suivent comme l'indispensable complément d'une diffa. Pour breuvage, de l'eau ou du lait, sentant à la fois le goudron et la peau de bouc, et bizarrement servis dans des bouteilles, des bols à fleurs, provenant de nos fabriques.

En sa qualité de maître de maison, le marabout ne s'assied au festin que sur l'invitation expresse du chef français, qui l'a placé entre deux dames. Pour lui quel renversement dans les usages! Entre deux dames! Ce n'est certes pas ainsi que l'Arabe honore le sexe aimable. Par surcroît, le cuisinier du commandant s'est mis en tête d'apporter toute une vaisselle. Et le marabout, dont la barbe grisonne, apprend pour la première fois à se servir d'une fourchette, mange sur une nappe, dans nos assiettes de faïence, un verre de cristal devant lui.

A toutes les prévenances dont l'entourent ses voisins il répond par un sourire qui ne manque ni de finesse ni de bienveillance. Son regard, clair et doux, anime un visage de savant plutôt que d'homme de guerre. On croit généralement ici qu'il nous est dévoué. Il en a d'ailleurs donné une preuve sérieuse, lors de l'insurrection de 1871, en s'opposant au soulèvement des tribus dont les chefs voulaient marcher sur Bou-Saada. Aussi s'applique-t-on à ménager en lui un allié puissant.

Cette dignité de grand marabout, Mohammed-Bel-Kaçem, ancien mokaddem, c'est-à-dire l'un des supérieurs de la zaouia mère, l'a héritée de son prédécesseur Mokhtar, bien que ce dernier eût alors deux fils en bas âge, dont le plus jeune sert aujourd'hui nos armes avec le grade de lieutenant des spahis. Mais c'est à l'aîné, d'après une clause du testament de leur père, que doit revenir l'importante succession.

Au reste, les deux frères figurent parmi les convives. Ils s'étaient d'abord tenus à l'écart, se dérobant, sans qu'on sût pourquoi, à l'invitation du commandant. Était-ce là une forme de haut respect pour le dépositaire de la *baraka* (bénédiction divine) dont ils détiennent aussi leur part, à en juger par l'empressement de tous ceux qui viennent baiser le pan de leur burnous? Toujours est-il que le marabout dut lui-même les prier de venir, sur une observation du commandant, pour qu'ils consentissent à se montrer en sa présence.

L'ancien mokaddem paraît jouir en homme habile de l'influence et des bénéfices énormes de son ministère, qui consiste à bénir d'une main et à recevoir de l'autre.

Bienvenu qui apporte. Celui-ci donne la fleur de son blé; celui-là, les plus grasses de ses brebis; cet autre, la meilleure partie de sa récolte de dattes. Dons en nature, dons en argent, viennent alimenter cette source de fanatisme. Il n'est pas jusqu'aux terres d'*arch,* qui, comme on sait, sont biens communaux répartis entre les chefs de famille, dont on n'abandonne au marabout la jouissance temporaire.

Les effets de son prestige déconcertent les voleurs eux-mêmes, à tel point que, dernièrement, des coureurs de route, ayant dépouillé un convoi de marchands et appris ensuite que leurs captures étaient destinées à la zaouia d'El-Hamel, ont aussitôt rapporté le produit de leur vol à Bel-Kaçem en implorant son pardon.

Ainsi, sans pression aucune, s'arrondissent les revenus du saint monopole.

Les gens du ksar, eux, paraissent se ressentir faiblement du voisinage de ce grenier d'abondance. Les privations, les maladies, n'en continuent pas moins à miner une population d'indigents qui grouillent à travers des ruelles infectes, qui nichent pêle-mêle avec les bêtes domestiques dans de misérables masures, nids à scorpions, antres attristés, n'ayant souvent d'autres lambris que les anfractuosités de la roche. La vie s'y traîne, y souffre et s'y abrège.

Par le trou d'une porte sans fermeture, mon regard tombe sur une mère aveugle, à peine vêtue, allaitant son nourrisson malingre qui tette un sein couvert de lèpre.

Les *ziaras* (offrandes) n'empêchent donc pas El-Hamel de rester un ksar des plus malheureux.

De loin, l'harmonie des lignes coupées à angle droit donne quelque style à ses constructions carrées; mais le soleil blanchit sans les égayer leurs murs, gris et ternes comme le roc où ils posent, comme la terre dont ils sont bâtis, comme le bois des portes qui ferment leurs ouvertures, comme les guenilles des êtres qui les habitent.

Les cimetières, par leur étendue si peu en rapport avec la petitesse du lieu, font seuls comprendre son importance morale. Des points les plus éloignés, les familles arabes y viennent enterrer leurs morts, accomplissant un dernier vœu. De là cette confusion de sépultures, toutes sans épitaphes.

Pour les hommes et les enfants mâles, deux pierres fichées en terre, l'une à la tête, l'autre aux pieds, mesurent la longueur des corps ensevelis.

Une pierre intermédiaire, posée au centre, distingue les tombes des femmes et des filles.

Un mur de deux pieds de haut entoure la dernière demeure des musulmans qui ont vécu saintement.

Sous le dôme blanc d'une koubba reposent les marabouts.

Çà et là se remarquent des fragments de poteries, des lambeaux de vêtements, des scapulaires à moitié pourris, des parchemins revêtus d'écritures arabes que le temps efface, des sachets enfermant on ne sait quelles reliques : touchants témoignages de dévotion à ceux qui ne sont plus.

LES INTÉRIEURS

LES INTÉRIEURS

Dans les rues, quand je passe, les Arabes se demandent quel est ce « Roumi » et ce qu'il vient faire.

Me voyant tantôt à pied, tantôt à cheval, avec le commandant supérieur, ils me croient son parent ou quelque officier en tournée. Ceux à qui je m'adresse dans mes coins de prédilection me répondent parfois en faisant le salut militaire.

Mais comme, en même temps, l'outillage du peintre m'y suit presque toujours, la profession dénonce les projets; des gens à qui je deviens tout à coup suspect s'éloignent; j'éveille des défiances, je provoque des terreurs, qui ne font qu'augmenter lorsque je pénètre dans l'intérieur des maisons.

Par suite d'une naïve crédulité aux sortilèges, de préjugés répandus sur nos images, et surtout du commandement sacré qui, restreignant à l'ornement seul l'art des Orientaux, supprime la représentation de l'être humain, ma présence inquiète visiblement mes hôtes dès que je veux faire usage de mon crayon. Aussi je ne m'expose à le tirer de ma poche que lorsque mon introductrice, la femme du commandant, ayant rassuré l'Arabe au sujet de ses femmes et de mon inoffensif travail, a fait fléchir les résistances.

Il s'en faut cependant que ce résultat soit obtenu partout. En des maisons hospitalières où tout nous est offert de bon cœur, café, dattes, couscoussou, on ne cède point sur cet article. Inutile d'insister.

Chez les besogneux, l'argent réussit quelquefois à lever les derniers scrupules. Mais chez de certains dévots qui maudissent les chrétiens du matin au soir, c'est d'assez mauvaise grâce qu'on nous reçoit et d'humeur non moins gracieuse qu'on referme sur nous la porte.

Au reste, les logements présentent tous le même caractère.

Les mêmes piliers de bois noueux et enfumés soutiennent des lambris où les dépôts de la suie flottent en suspens dans les toiles d'araignée ; le même jour de caverne glisse d'en bas par une porte ouverte ou tombe du toit, entre deux solives, par le trou qui découvre un coin du ciel. Chaque foyer loge quelques bestiaux qui vont et viennent de la cour aux chambres. On se figure parfois entrer dans une étable. Des ménagères, accroupies derrière un métier à tisser, travaillent sous une lumière douteuse. D'autres filent près de l'âtre, dont la fumée séjourne et vous prend à la gorge, au milieu des courants d'air nauséabond que dégagent les immondices mal dissimulées.

Dans les maisons où l'on ne me regarde pas trop de travers, j'entre à peu près à ma guise. J'ai même dans quelques-unes la faculté d'installer à toute heure mon chevalet, heureux quand, en ces taudis, je trouve pour me placer un endroit suffisamment clair, permettant de discerner le blanc du noir sur la palette.

Si-Kaddour, toutefois, ce jaloux qui m'ouvrait hier toute grande sa porte, m'en refuse l'entrée aujourd'hui. Aurait-il pris ombrage du clignement d'yeux qu'il m'arrive de faire en présence du modèle afin d'en mieux envisager l'ensemble, et m'a-t-il cru, par hasard, capable de lorgner ses femmes ?

Ailleurs, la maison se vide dès que j'y parais. On me laisse seul en compagnie des chats, des mulots, des poules, des pigeons, qui bruissent timidement dans l'ombre, tandis que, gagné par le silence, mon fainéant interprète s'endort à côté de moi. Les femmes, en retraite dans les loges de la terrasse, ont certainement reçu l'ordre de parler bas. Je n'entends pas leur babil. Le poids de leur corps fait craquer le plafond. Un mortier calciné se détache des poutres sous leur piétinement, s'émiette en pluie sur mes couleurs qui, soudain, empâtent mes brosses d'un amalgame boueux.

Mais chez Messaoud, chez Khréder, chez Ben-Sliman, chez plusieurs autres, les femmes continuent sous mes yeux leurs tâches, promenant sur ma personne des regards étonnés. Autour d'elles s'épand un parfum fauve, légèrement musqué. Le maître, au surplus, ne s'inquiète pas de moi, sinon pour veiller à mes besoins quand je le fais appeler. Il flâne en ville le reste du temps.

Une avant-cour ouvrant de plain-pied sur la rue donne accès dans la chambre habitée par le vieux Messaoud. Il vit là en compagnie d'une grosse femme dont l'embonpoint contraste avec la taille longue et svelte de sa fille, qui serait fort belle avec ses vingt ans, sa bouche égyptienne, ses dents éclatantes, si par malheur l'ophtalmie ne lui avait agrandi l'œil gauche en y laissant une large taie blanche.

De profil et du côté favorable, elle offre un spécimen très pur du type féminin des Ouled-Nayls, d'une analogie curieuse avec celui de certaines figures du temps des Pharaons. Rien de plus élégant que son geste lorsque, debout contre un pilier, elle arrondit au-dessus de sa tête un bras de statue antique pour hausser sa quenouille, allongeant jusqu'à terre le fil qui se tord sous ses doigts légers.

Si l'on joint à ces trois personnages un veau qui s'ennuie dans un coin, attendant sa pitance, cinq ou six poulets maigres, picorant de la terrasse au rez-de-chaussée, et toute une famille de chats gris, on a le tableau complet du ménage Messaoud.

Le brave homme de mari ne rentre que pour souper quand la fumée de sa cuisine me chasse. En son absence, la mère et la fille reçoivent des voisines avec les marmots qu'elles traînent à leur suite. Je les trouve rarement sans société. Les nourrissons passent de main en main, tetant l'une, tetant l'autre, tour à tour, et jusqu'aux vieilles qui présentent à leurs petites bouches une mamelle tarie que les innocents pressent comme une outre vide. C'est assurément là un des « salons » les plus courus du quartier.

Le caquetage de ces femmes m'amuse. J'en débrouille quelquefois le sens, avec l'aide de mon petit drogman.

Ordinairement, quand on ne se demande pas ce que signifient mes barbouillages et à quoi ils peuvent bien servir, la conversation ramène le prix des choses. Les mots *douro, franc, soldi*, voltigent de bouche en bouche, confusément avec les nouvelles fraîches de la ville, colportées par les ménagères du cru. Car il ne faut pas s'imaginer que des mœurs si calmes à la surface soient exemptes d'agitation. Dans l'état de nature où elles se produisent ici, les passions s'exaltent spontanément. De temps à autre quelque dramatique aventure vient alimenter le désir d'événements imprévus si naturel à l'homme, et que ces esprits simples peuvent seulement trouver dans la vie réelle, n'ayant pas comme nous les émotions factices de la lecture et du théâtre.

Il n'est bruit pour le moment que des amours d'un scheik du voisinage avec la femme de son berger. Ce scheik, voulant posséder sa maîtresse sans contrainte, avait acheté du cadi l'arrêt d'un divorce réclamé par l'épouse infidèle et en vertu duquel celle-ci redevenait libre.

Mes bavardes, avec une suite d'impressions que reflètent leurs visages et une véhémence de geste digne de remarque, se détaillent les ruses du berger au désespoir pour parvenir jusqu'à la tente de son rival ; comment il guette son départ, comment il surprend la femme dormant seule; puis, sa vengeance étant bien résolue, comment il la tue d'un coup de feu tiré à bout portant.

Madame Messaoud, commère réjouie dont la voix domine toutes les autres, s'y serait prise autrement au temps de ses aventures. Elle n'aurait pas reculé devant le poison pour se débarrasser d'un mari gênant ; accusation dont elle se défend encore, bien que nos tribunaux, n'ayant pas admis son innocence, lui aient fait passer deux ans sous les verrous. Messaoud, néanmoins, ne s'est pas alarmé pour si mince peccadille. Trouvant à son goût cette veuve rendue à la liberté, il l'a prise pour femme; mais je soupçonne fort la bonne pièce de mener comme il lui plaît le vieil homme.

De petits faits m'en révèlent de plus grands. J'entre par degrés dans l'intimité de la vie conjugale. Je découvre chez mes recluses une facilité de mœurs que ne fait d'abord pas supposer l'appareil de précautions prises pour leur sauvegarde. Cupidon fait des siennes au désert comme ailleurs.

Les poètes arabes ont chanté sous toutes les formes

les inventions hardies ou les tours ingénieux que mettent en œuvre les amoureux pour tromper les maris. Les prisonnières se prêtent la main, s'entendent à dérouter les soupçons. Leurs intrigues ne manquent pas de messagers.

La femme fellah qui, chaque soir, vient exactement, son outre gonflée sur les épaules, renouveler la provision d'eau dans la maison, échange des demi-mots à voix basse, tantôt avec Baïa, belle-fille de mon hôte, divorcée depuis peu, tantôt avec la voisine Méryem, dont la joue garde encore les croûtes des égratignures qu'elle s'est faites avec les ongles, en se mêlant au chœur des pleureuses à l'enterrement de sa cousine.

Certain jour, une vieille en guenilles, que je n'avais pas vue encore, entre furtivement. Elle parle cinq minutes durant à l'oreille de quelque jeune amie occupée à piler du café, dans une pose que j'esquissais sur ma toile. Mon modèle écoutait le message, immobile, le pilon arrêté dans sa main. Pas un muscle de sa face ne remuait. Ses compagnes suivaient en silence le jeu de sa physionomie, qui tout à coup s'assombrit. Puis elle s'est levée, me plantant là sans une parole et disparaissant avec sa confidente.

« Pourquoi laisserions-nous sortir nos femmes, si elles sont incapables de faire un bon usage de la liberté? me dit un jour un Saharien qui avait passé plusieurs années dans un lycée de Paris et repris ensuite les habitudes de ses pères. Élevées dans l'ignorance, ne sont-elles pas sans raison et semblables aux animaux qui n'obéissent qu'à leurs instincts ? »

A la profondeur de cette remarque, je compris qu'une vertu d'éducation telle que la pudeur n'existe pas chez une créature traitée de la sorte. Dès que la peur du châtiment, seule capable de l'arrêter devant l'occasion, vient à faiblir, elle cède sans scrupule à l'attrait du fruit défendu. Seulement, ici la comédie de l'amant surpris tourne aisément au tragique. Et c'est encore sur la femme que retombe presque toujours la vengeance, ainsi que le constatent les cas soumis à notre juridiction.

Le milieu dans lequel je me trouve chez les Messaoud est peut-être, je commence à le croire, une espèce de « demi-monde » bou-saadien. Les choses ne se passent pas ainsi dans la maison de Ben-Sliman, par exemple, dont la porte, beaucoup moins accessible, ne s'ouvre qu'à bon escient.

Chez cet homme, de belle taille et jeune encore, la discipline est moins relâchée, le confort plus réel, l'industrie des femmes, exploitée avec plus de méthode, d'un revenu plus solide. Ce musulman possède trois épouses pour son compte, toutes habillées de rouge, toutes trois jolies, d'un type si parfaitement semblable qu'on les croirait sœurs. Auprès d'elles sont élevés un garçon en bas âge et Kréra, fillette de dix ans, vive comme une gazelle, toujours gaminant par les rues, son petit frère enlacé à sa taille. Dans des appartements séparés logent, d'un côté le père et la mère de Sliman, de l'autre, son frère et son fils, mariés tous deux, avec leurs enfants et leurs femmes.

« Vous pouvez, vous autres, me dit-il, vous contenter d'une épouse unique que vous considérez comme votre égale. Vous la promenez pendant que des domestiques pourvoient aux nécessités du ménage. Chez nous, au contraire, les serviteurs pris en dehors de la famille n'apportent que le trouble dans nos demeures. Les seules ménagères convenant à nos mœurs sont les femmes que nous épousons. C'est pourquoi l'usage permet à l'Arabe d'en prendre plusieurs. Dans nos pauvres pays, beaucoup d'entre nous n'en ont qu'une. Par la miséricorde d'Allah mon bien s'est accru. Grâce au travail de mes femmes l'aisance règne dans la maison. Chacune d'elles fait de son mieux pour me contenter. Mais, comme tu peux le voir, elles suffisent à peine à leurs tâches. »

Le raisonnement de ce despote est sans doute fort sage, et j'en apprécie les côtés avantageux. Je ne puis m'empêcher d'observer cependant que cette exploitation de la femme par l'homme s'écarte sensiblement des principes d'économie domestique, et même de morale, auxquels nous sommes habitués en France. Peut-être penserais-je autrement si j'étais polygame, mahométan et demi-sauvage! Les Arabes, dans leur égoïsme, se persuadent que leurs femmes sont l'incontestable propriété de l'homme. Ils croient que la nature les a faites leurs esclaves. « Vos épouses sont votre champ », leur dit le Coran. Et cette parole du Prophète, Ben-Sliman ne pense certainement pas l'interpréter trop largement.

Le temps, qui pour l'Arabe compte si peu, est chez lui bien employé. Toute la journée marchent les quenouilles, les fuseaux. Dans tous les coins pendent des écheveaux de laine. Les toisons sorties du lavage passent des peignes de fer aux cardes, puis se dévident sous les doigts des fileuses pour former, en provision nécessaire, les fils de trame et les fils de chaîne qui doivent servir au tissage des burnous. Alors, pendant vingt jours, les tisseuses s'accroupissent derrière le voile transparent du métier primitif où elles entassent fil sur fil, enroulant leur travail, à mesure qu'il s'achève, sur la barre qui affleure le sol.

Si l'on considère le genre de vie qui limite forcément les besoins des Arabes, il faut convenir que le savoir-faire de leurs ménagères atteint en quelque sorte à la perfection. Elles apportent dans leurs différents emplois une méthode sûre et une grâce telle, qu'elles ne paraissent pas en éprouver de fatigue. Leurs mains mignonnes et généralement bien proportionnées n'y perdent rien de leur finesse. Et c'est chose curieuse de les voir, en diverses poses accroupies, s'aider de leurs pieds souples et cambrés, dont les orteils agiles s'écartent librement, comme chez les quadrumanes, pour saisir ou retenir quelque objet menu, lorsque leurs extrémités antérieures sont occupées.

Parfois, au cours du travail, l'une d'elles est prise d'un caprice : elle rapproche de son visage la petite glace circulaire toujours suspendue comme une médaille sur sa poitrine, et s'y mire avec d'adorables inclinaisons de tête. Puis, rendant quelques soins à sa beauté, elle se plaque du bleu autour de l'œil, du carmin sur les lèvres, sur les joues; elle se parfume de benjoin, égoutte sur ses vêtements un flacon d'essence de rose ou déroule les foulards de son turban pour en arranger d'autre façon les fausses tresses en laine, après avoir graissé d'huile de noix de coco rancie sa chevelure véritable.

Ces raffinements d'une coquetterie au diapason de leur délicatesse ne relèvent qu'incomplètement l'opinion que je me fais de la propreté de mes hôtesses, surtout quand, l'instant d'après, je les vois se moucher bruyamment entre leurs doigts et s'essuyer les narines dans les plis de leur tunique.

Certes la présence d'un homme qui ne fait pas partie de la famille, et à plus forte raison celle d'un étranger, est contraire à toute bienséance. L'étonnement de ces femmes de me voir n'est pas moindre que le mien d'être au milieu d'elles, les observant du regard qu'on donne à de jolis animaux en cage, étudiant leurs allures comme si elles appartenaient en réalité à quelque race humaine distincte de la nôtre.

Ces jeunes sauvagesses qui, par de certains côtés, font penser à Phidias, et par d'autres, à M. de Buffon, s'accoutument à me voir.

Et quand leur seigneur n'est pas là, elles en profitent pour s'approcher tout près de moi. Elles se penchent jusque sur mon épaule, voulant voir si je les fais ressemblantes. Celle-ci se plaint que j'aie omis quelques-uns de ses tatouages, celle-là réclame plus de rouge sur ses pommettes. L'une, qui n'est vue que de dos, me demande pourquoi je ne montre pas sa figure; l'autre, se reconnaissant à son costume, s'écrie : « Machimeleh! » (*mauvais*) parce que je me refuse à représenter tous ses bracelets sur son bras nu. Toutes enfin voudraient que j'enlevasse les ombres qui modèlent leurs traits, les lignes et les teintes plates frappant davantage leur entendement; ce qui leur est commun avec les enfants et, après tout, ne fait que reproduire avec une ingénuité pittoresque les réflexions de nos « bourgeois » les mieux intentionnés.

Je m'égaye énormément de ces critiques, dont je saisis toute la justesse. Mais que, dans le moment où se manifestent ces privautés, la porte vienne à grincer, mes curieuses, qui déjà devinent le pas de Ben-Sliman, ne font qu'un saut jusqu'à leur ouvrage. Et celui qui leur partage ses tendresses les retrouve, quand il entre, dans l'attitude du travail.

Au fond de son cœur, ce maître gêné dans ses aises me voue à tous les diables; cela devient évident. — « Est-ce fini? » demande-t-il à chacune de ses rentrées, en regardant mes ébauches sans trop rien y voir et le nez sur la toile.

Voilà que, par une décision subite, il mesure mon temps. Il parle de partir, lui et toute sa famille, pour aller camper sur les rives de l'oued Chaïr, près des champs d'orge et du troupeau qu'il y possède. C'est d'ailleurs l'époque où la population demi-nomade quitte la ville, n'y rentrant qu'après les moissons.

Effectivement, les préparatifs s'organisent. Les moulins de granit broient une abondante provision de farine, dont la poudre blanche voltige sur ma peinture fraîche. Les fileuses, passant à un autre genre d'occupation, pétrissent une pâte d'argile, puis en façonnent diverses poteries. Au milieu du continuel mouvement qui ébranle les portes et soulève un nuage de poussière, il me devient impossible de continuer. Il faut quitter la place.

« Quand pars-tu ? » dis-je alors à mon hôte. A quoi Ben-Sliman répond :

« Mes chameaux sont en route. Ils arriveront cette nuit. Demain nous irons coucher à Mézerzou. L'étape est longue ; nous quitterons Bou-Saada avant le jour... »

Mon pas résonne dans le silence des rues désertes. Quelques dormeurs roulés dans les plis de leurs burnous garnissent encore les bancs des portiques couverts. Je marche dans des demi-ténèbres, sous un ciel tendu de lourdes brumes, immobiles, prêtes à se résoudre en pluie.

Devant la porte de Ben-Sliman, deux chameaux, pompeusement parés de hauts palanquins dont les franges multicolores promènent leurs glands dans la poussière, attendent, couchés auprès de six autres déjà chargés de l'outillage d'une tente, des provisions, des ustensiles, nécessaires à un campement prolongé.

Les chameliers achèvent de vider la maison sur

leur échine. Chaque fois qu'ils déposent quelque nouveau fardeau, un beuglement pleurard roule au fond de la gorge des patients animaux, qui semblent vouloir témoigner contre un abus de la force. Leur charge au complet, ils se relèvent sur un cri de leurs maîtres, se taisent tout à coup et regardent devant eux, sans bouger, de l'air le plus doux, le plus indifférent, prêts à partir au premier signal.

Au fond du vestibule, dont la porte reste ouverte, le cheval bai de mon hôte, tout harnaché, caresse de ses longs crins noirs le visage de la jeune Kréra, assise sur un coffre en bois à double cadenas et badigeonné de vert, le bout de la bride dans ses petites mains.

Elle m'a reconnu, court avertir son père qui vient aussitôt, et j'entre avec lui dans la maison dégarnie.

Rangées en cercle autour d'un feu, ses femmes, en costume habituel, regardent cuire des galettes sur la cendre. Elles paraissent tout heureuses de ce départ. Pour elles, la vie en plein air sera moins triste que la reclusion familiale. Plusieurs parentes, avant la séparation, leur tiennent compagnie. La mère de Si-Sliman berce sur ses genoux le dernier-né de son fils, aux petites menottes teintes en orangé, et vêtu si légèrement, par le froid qu'il fait dehors, que je ne puis m'empêcher d'en faire la remarque. « Les Arabes toujours comme ça ! » fait comprendre l'aïeule par l'insouciance de son geste.

Ces bonnes gens, que je ne dois sans doute jamais revoir, me demandent si je vais, moi aussi, m'en retourner en France.

« Oui, leur dis-je, bientôt.

— Et quand reviendras-tu ? ajoute-t-on.

— En cha-Allah ! (*A la volonté de Dieu !*) » répliqué-je, en me servant du geste qui accompagne cette évocation de l'avenir.

Le jour vient. De larges gouttes de pluie tombent, espacées.

Les trois femmes se casent dans le berceau des palanquins. On leur passe le petit garçon, plus deux chevreaux familiers. Kréra s'y glisse à son tour.

Ben-Sliman, à cheval, touche ma main de la sienne qu'il porte à ses lèvres, et j'en fais autant.

Le cortège s'ébranle. Les chameaux balancent, ainsi qu'un navire sa voilure, les litières refermées sur mes étranges compagnes d'un jour, qui s'éloignent.

Au détour de la rue, avant de disparaître, les tentures écarlates s'entr'ouvrent un peu. Des bras nus, cerclés de bijoux d'argent et de corne noire, s'agitent vers moi. Et, pour la dernière fois, mon oreille entend répéter ces deux mots :

« Adiou, mousiou ! »

. . . .

La pluie ne cessa de tomber toute la journée et toute la nuit.

Elle recommença le lendemain, continua les jours suivants, avec de courtes suspensions, des éclaircies fugitives et des bourrasques de vent, rappelant les giboulées qui, chez nous, ramènent les printemps.

Les gargouilles en bois pleuraient sur les rues toute l'eau des terrasses inondées.

Entre les murs sans soleil ressortait tristement la misère des haillons couverts de boue, tandis que les masses de nuées sombres se coloraient d'un reflet roussâtre en rasant les dunes. La bise, prenant à revers les bancs de sable, faisait jaillir leurs crêtes dont la poussière retombait comme l'écume d'une mer en furie.

Les indigènes, qui d'abord s'étaient réjouis en pensant aux belles récoltes que promettaient ces pluies, s'étonnaient de jour en jour de leur persistance.

L'herbe poussa en maints endroits où les plus âgés des leurs n'en avaient jamais connu. Puis, dans les champs, pourrirent les blés verts. Et dans un pays où la pluie fait si souvent défaut, tous en vinrent à implorer la sécheresse par des prières, en voyant l'une après l'autre s'effondrer leurs misérables bâtisses.

Pauvres Arabes! Race infortunée que la nature a destinée à peupler des terres ingrates où tout est contraste, où tout paraît excessif; où l'homme, constamment en proie à quelque fléau, reste indifférent devant même ce qui pourrait améliorer les conditions de sa vie; où il se retranche dans un fatalisme, mélange de paresse et d'abnégation, qui l'endort avec l'espoir d'un monde meilleur et lui fait mépriser jusqu'à la mort en celui-ci!

On rencontre, on fréquente ces ksouriens et leurs frères nomades, on sympathise aux maux inhérents à leur caractère : mais ces hommes diffèrent tellement de nous-mêmes, tant d'oppositions les séparent de nos cœurs, qu'on se demande si les liens de l'intimité pourront jamais fondre ensemble deux races si éloignées.

Comment serions-nous compris d'un homme si constant à ses préjugés, si tenace dans ses vieilles coutumes?

Il fait en réalité tout au rebours de nos usages. Il commence la lecture d'un livre par son dernier feuillet, écrit de droite à gauche, se déchausse à la porte, pour saluer, au lieu de se découvrir la tête, s'interdit le vin, vit au milieu de plusieurs épouses, exclut la femme de ses temples, méprise le travail quand nous l'honorons, se réserve les ouvrages d'aiguille en imposant au sexe faible les plus dures besognes. Pour lui, générosité est faiblesse. Il ne s'incline que devant la force, se défend toute humanité envers les animaux, et massacre ses prisonniers chrétiens afin d'aller en paradis.

En dépit d'inutiles essais, d'espérances chimériques, tout ce qu'il m'est permis d'observer chez ce peuple encore dans l'état d'enfance, isolé dans le temps présent, si arriéré et si grand à la fois, si curieux dans ses mœurs, si intéressant dans ses résistances et dans ses erreurs, si à plaindre en ses destinées, fait songer, somme toute, beaucoup plus à une agonie qu'à un réveil.

LES
NOCES DE MESSAOUDA

LES
NOCES DE MESSAOUDA

I

Dès qu'elles ont défilé entre les roches fantastiques qui dominent la rivière d'El-Kantara, les caravanes venant du Tell trouvent soudain l'enchantement des premiers pays sahariens. Devant elles, au milieu d'une nature jaune, dénudée, se déploient, au moment même où on les touche, les quatre-vingt mille palmiers de l'oasis. Ces palmiers viennent égayer une cité morne dont les maisons de boue durcie au soleil se confondraient avec le sol aride si, de place en place, la verdure qui les environne n'offrait à leurs teintes fauves un agréable contraste. Là plus qu'ailleurs encore l'Arabe reste oisif, et l'inaction à laquelle il s'abandonne paraît affaiblir en lui jusqu'aux mâles énergies qui parfois font de l'habitant des ksours un combattant redoutable. Blottie sous de sombres portiques pendant les jours brûlants, accroupie au soleil quand souffle le vent glacé d'hiver, la population d'El-Kantara flâne et rêve presque toute l'année. La culture des jardins, l'entretien des canaux d'irrigation, le travail de quelques maigres terres de labour, ne troublent que fort peu la vie contemplative de ces pachas nécessiteux, dont la frugalité égale heureusement la paresse.

A peine a-t-on mis le pied dans les ruelles silencieuses, que l'on devine à quelle pauvreté fatale sont exposés, par leur faute, les deux milliers de ksouriens qui vivent ou végètent sur les débris encore debout de l'ancienne colonie romaine. Les maisons ne montrent au dehors que des façades endommagées, ayant pour toute ouverture des portes basses et mal closes. A l'intérieur, le luxe est limité aux ustensiles indispensables, qui traînent sur la terre graisseuse; les plafonds s'affaissent et crèvent en maints endroits, sans que l'indolence de ceux qu'ils abritent se mettent en peine de les réparer. Nul commerce dans les rues ; point de bazars, point de boutiques. Aucun marché sur les places désertes. Les convois de chameliers qui, d'un bout de l'année à l'autre, circulent sur la route du Sud, ne s'y arrêtent que pour bivouaquer. Un groupe d'enfants jouant sans bruit, un passant isolé qui longe la muraille d'un pas lent, une femme glissant, avec son fardeau, vers une porte aussitôt refermée sur elle, un aveugle qui chemine à tâtons, quelque fiévreux grelottant dans une encoignure, tandis que du bord des terrasses les chiens lancent aux échos leurs aboiements, c'est à quoi se résume le mouvement extérieur. Sur les murs nus les ombres montent et s'abaissent, mesurant le cours d'un temps sans valeur pour des hommes voués à la fainéantise, qui doivent leurs vêtements à l'industrie de leurs femmes, et savent se contenter tant bien que mal du produit de leurs jardins.

Pendant que ces désœuvrés se laissent aller à la quiétude où se plaît leur âme engourdie, les ménagères subviennent par un labeur constant aux besoins de la famille. Le bruit des meules et des pilons qu'elles agitent perce les murs de leurs retraites, et par l'entre-bâillement des portes, au fond des rez-de-chaussée obscurs, on découvre les travailleuses courbées sur leurs métiers. Quand les fonctions domestiques ne les retiennent pas au logis, c'est la provision quotidienne de bois et d'eau, c'est le savonnage des nippes de la maisonnée, qui les appellent au dehors. Les unes vont couper les genévriers qui poussent sur les crêtes des montagnes voisines; les autres s'enfoncent sous l'ombrage des jardins, suivent la pente des sentiers qui descendent à la rivière, lieu tranquille où, loin de leurs maîtres sévères, prolongeant les seules heures de liberté dont elles jouissent, elles prennent leurs ébats comme des écolières en récréation.

Couvertes de bijoux et coiffées de volumineux turbans noirs enroulés sur de fausses nattes en laine rouge et bleue, les laveuses barbotent dans la rivière avec des mouvements bizarres. Tantôt droites et tantôt penchées, suivant qu'elles battent le linge ou le piétinent de leurs talons, elles passent avec une rapidité étrange d'une attitude de reine à une posture de singe. Autour d'elles les floraisons du printemps répandent la douceur de leurs teintes et la suavité de leurs parfums. Dans les vergers suspendus sur les rives, s'entremêlent, sous la verdure éternelle des palmiers, toute sorte d'arbres à fruits, impatients de verdoyer, revêtus de duvets délicats. L'aimable saison oppose alors ses tendres harmonies à l'éclat tapageur des costumes. Tout sourit aux yeux dans ce paysage exotique où serpente un frais cours d'eau, entre des berges escarpées, sur un lit de galets que la lumière fait scintiller comme des pierres précieuses, et que foulent de leurs pieds nus des grappes de bambins, de fillettes et de femmes, dont les oripeaux bariolés s'agitent dans l'eau claire, aux facettes azurées, sous un ciel incomparable.

II

Au milieu de ses compagnes, Messaouda levant, abaissant tour à tour sa raquette de palmier, frappe en cadence la laine savonneuse, et chaque fois qu'elle s'interrompt pour respirer un peu, on voit, dans l'eau qu'elle cesse de troubler, se refléter un moment sa gracieuse image. Parfois, jetant à terre le battoir, elle quitte sa pose accroupie, elle se dresse et, les jambes nues, le haïk retroussé, elle bat du pied ses chiffons mouillés, avec les gestes rythmés d'une danseuse. L'œil peut alors, sous les plis de ses ajustements, suivre les inflexions de sa taille qui garde encore les signes de l'adolescence, tandis que les contours de la femme commencent à s'accuser en ses formes juvéniles, modelées sous l'action hâtive d'un climat brûlant. On donnerait au plus treize ans à cette créature sauvage et précoce. Mais qu'importe à l'insoucieuse fille de savoir le nombre des jours qu'elle a vécu ! Personne en son pays ne s'avise de mesurer la distance qui le sépare de la naissance ou de la mort. A quoi bon compter les moments d'une destinée si éphémère ? L'heure présente est la seule qui appartienne au Croyant.

Grandie au sein d'une société primitive, dans un développement presque animal, Messaouda est devenue une créature ravissante. Son corps, bien que frêle, est empreint de cette distinction que donnent les proportions longues et élancées. Chacun de ses mouvements conserve, même dans l'effort, une adorable langueur. L'éclat des yeux, l'agrément de la voix, la grâce de la démarche, viennent encore prêter leurs attraits à cette fauve beauté du désert, dont les fiançailles prématurées vont déjà recevoir leur consécration. Devant les témoins assemblés, la dot exigée par sa famille a été comptée en totalité, les messagers de l'époux ont remis les présents d'usage; et les gens du ksar, tirés de leur somnolence, se disposent à célébrer l'union projetée, par ces réjouissances publiques dont une singulière coutume exclut les deux époux.

L'approche d'un événement qui doit jouer un si grand rôle dans sa vie ne trouble pas sensiblement la sérénité de Messaouda. Devisant avec ses compagnes, elle tord sa laine d'un air tranquille ou l'étale nonchalamment sur la roche, sans que rien trahisse en elle les inquiétudes ni les joies qui préludent d'ordinaire à un acte d'où l'avenir dépend. Messaouda, simple et soumise, ne voit là qu'un changement de maison, à peine un changement d'habitudes. Dans un pays de polygamie, où l'on dispose des filles sans les consulter, elle peut encore s'estimer heureuse : elle échappe au désenchantement de partager avec des rivales la couche de quelque voluptueux vieillard, sort dont une fille arabe est toujours menacée. Son fiancé est l'un de ces jeunes efféminés qui, du matin au soir, traînent les franges de leur burnous de carrefour en carrefour, de café maure en café maure, roulant des cigarettes entre leurs doigts. Pour lui, l'autorité du chef de maison va succéder à la sujétion filiale : une riante perspective de pouvoir absolu, de désirs satisfaits, se dessine en ses pensers égoïstes ; mais pour sa future servante le mariage réserve des lendemains différents. Un labeur pénible, un servage continuel, la livrent au caprice d'un seigneur armé du droit de la battre si elle désobéit. La femme arabe, qui croit que la nature l'a faite l'esclave de l'homme, subit sa triste condition sans se trouver malheureuse. Elle y est d'ailleurs préparée de longue main.

L'infériorité de son sexe éclate dès sa naissance. Tandis que de brillantes fantasias saluent l'avènement d'un garçon, celui d'une fille n'est l'objet d'aucune fête extérieure. Les fils, entourés des continuelles faveurs du père, prennent vite de petits airs dédaigneux avec les compagnes de leur âge. Dans leurs jeux, ce sont elles qui obéissent. On abandonne aux femmes le soin de les élever, sans se soucier de cultiver leur intelligence.

L'apprentissage des devoirs féminins commence

de bonne heure. A quatre ans, la mère habitue sa fille à porter un nourrisson sur les reins, qui s'assouplissent ainsi par degrés. La pauvrette, à mesure qu'elle grandit, courbe le dos sous le poids d'outres énormes, de fardeaux de plus en plus lourds. Puis elle apprend à carder la laine, à la filer entre ses petits doigts. En même temps on la dresse à traire le bétail, on l'initie aux besoins des animaux domestiques vivant dans l'écurie ou dans l'étable, jusqu'à ce qu'elle n'ignore aucun des soins réclamés par chaque espèce. Battre le beurre dans la peau de bouc, rouler la farine en fin couscoussou, pétrir la pâte des galettes, et lorsqu'on tue un mouton, préparer les viandes de conserve, sont autant de travaux qu'elle arrive progressivement à bien faire. A ces tâches subalternes se borne une éducation toute matérielle : l'Arabe la trouve suffisante pour un être inférieur qu'il exclut des prières publiques et auquel il ne permet même pas de manger avec lui.

Messaouda est vive, adroite, expérimentée en tout ce qu'une paysanne comme elle doit savoir pour être une épouse parfaite. C'est plaisir de la voir manier la quenouille ou le fuseau. Sous l'action de ses doigts agiles naît et s'allonge régulièrement le fil qui doit former la trame ou la chaîne d'un burnous ou d'un haïk. Nulle ne s'entend mieux qu'elle à dresser un métier, à échafauder fil par fil les laines de toutes couleurs avec le peigne ou la navette, à distribuer par d'ingénieux caprices l'ornementation d'un tapis. Et sa fantaisie bizarre multipliant les rayures et les losanges, les franges et les pompons, sait embellir aussi bien le sac où l'on serre le grain que la musette destinée à orner la selle d'un cavalier.

Avant de se décider à en faire sa compagne, le fiancé n'a pas manqué de se renseigner sur chacun des mérites de celle qu'il avait choisie. Des messagères ont eu charge de le tenir minutieusement au courant de ses aptitudes, et jusqu'à la confection du plat qu'il aime, il calcule à l'avance quels avantages et quelles ressources le mariage lui doit apporter. Aussi l'heureux époux peut-il bercer doucement son âme en songeant à la ménagère accomplie qui bientôt franchira le seuil de la chambre nuptiale, tandis qu'avec ses compagnes, Messaouda regagne la maison où s'est écoulée son enfance, pour y attendre l'heure où l'on viendra solennellement l'en arracher.

III

Depuis trois jours la poudre fait entendre ses retentissements. Depuis trois jours Messaouda écoute le bruit lointain des salves qui se succèdent. Des parentes, des visiteuses, l'entourent, et la poursuivent d'un bourdonnement de paroles flatteuses qu'elle accueille d'un air parfois souriant, parfois mélancolique. A ses pieds, sur la natte où elle croise les jambes, sont étalés divers cadeaux. Les étoffes de soie brochée des manufactures lyonnaises s'y rencontrent avec les couvertures zébrées de fabrication indigène. A côté des mousselines d'Angleterre, les percales à fleurs de Mulhouse mêlent leurs plis gommés aux laines souples des tapis algériens. D'autres dons, colliers de clous de girofle, bracelets, anneaux de pieds, lourds pendants d'oreilles, toute sorte de bijoux grossiers dus à la ciselure des orfèvres juifs, sont entassés sur ses genoux. Enveloppée dans sa mante violette parsemée de pois d'or, elle s'adosse à une colonne, vieux tronc de palmier dont la base est un chapiteau romain renversé, et du haut de laquelle pendent des amulettes : cornes de bélier, omoplates et tibias provenant du bétail égorgé dans les fêtes sacrées. Un jour faible, tombant avec mystère d'une étroite ouverture pratiquée sur la terrasse, se répand dans l'intérieur sombre, aux murs sévères noircis par les fumées de l'âtre. C'est une grande salle longue, communiquant aux chambres supérieures au moyen d'un escalier tortueux, et où circulent des senteurs d'étable. Un petit enfant dort au fond d'un berceau rustique fait de palmes entre-croisées et suspendu à l'une des poutrelles du plafond. Près de la mariée, une brebis allaite son agneau. A quelques pas, une poule gratte la terre, suivie de ses poussins ; un chien, dans un coin, appuie son museau sur le dos d'un chevreau ; des tourterelles se caressent au faîte des piliers, tandis que voltigent çà et là des rouges-gorges, ces oiseaux marabouts considérés comme portant bonheur au toit qui les abrite.

En ce lieu paisible qui l'a vue naître et grandir, Messaouda promène autour d'elle des regards inquiets. L'inévitable séparation la préoccupe. Dans un instant vont se briser les liens qui l'attachent aux murs familiers, et bien qu'il soit convenable en pareille circonstance d'exagérer ou de feindre les apparences de la douleur, une anxiété véritable se lit sur sa douce physionomie. Des sentiments contraires semblent l'agiter. Tantôt des rougeurs subites montent jusqu'à son front, tantôt son grand œil noir se voile de larmes. Il est visible que la joie d'être ainsi fêtée est combattue par les appréhensions du départ, que des craintes inconscientes se glissent dans son cœur à l'approche du cortège qui vient la chercher. Déjà elle l'entend venir. Déjà elle reconnaît, au milieu des détónations de la poudre, la note perçante du hautbois qui accompagne les tambourins. La tristesse la gagne. Son sein se gonfle et retient des sanglots.

. . . .
. . . .

Des coups de feu se mêlent au bruit d'une musique étrange. Les abords de la demeure de Messaouda sont envahis par les gens du cortège. Devant la façade se placent les femmes revêtues de tous leurs ornements. Elles murmurent un chant doux et triste pendant que l'on amène au seuil de la porte une mule richement harnachée et montée par le jeune garçon qu'un vieil usage donne pour compagnon aux vierges conduites chez leur époux. La foule se presse, encombre l'étroite rue, reflue dans les rues voisines. Des guirlandes de têtes, vivement découpées sur le ciel, se penchent du haut des terrasses. Une nuée d'enfants de tout âge entourent les musiciens. Au son des instruments, sur deux lignes, des hommes en haïk de soie, couronnés d'un panache de plumes d'autruche noires, avancent par petits sauts méthodiques en brandissant des sabres nus, des pistolets, et de longs fusils qu'ils font tournoyer avec adresse au bout de leurs bras. Ces danseurs représentent la jeunesse d'El-Kantara, heureuse de parader devant les femmes réunies et parées qui acclament fréquemment cette pantomime héroïque. Chaque fois que les guerriers, déchargeant leurs armes, les enveloppent d'un tourbillon de fumée, elles s'exaltent à l'odeur de la poudre. Toutes ensemble elles répondent à ces défenseurs supposés par une clameur sauvage, et comme pour enflammer le courage de combattants bravant la mort sous leurs yeux, elles profèrent, en se frappant les lèvres du bout des doigts, ces *iou-iou* frénétiques, soutenus longuement à l'unisson sur le ton le plus élevé de la gamme, et qui s'évanouissent dans l'air ainsi que le cri fauve d'un oiseau de proie.

Mais les acteurs se lassent, et le silence qui s'établit marque la fin de ces étranges divertissements. Alors, au milieu des musulmans debout dans l'attitude de la prière, la paume des mains tournée vers la poitrine, une voix grave s'élève : elle appelle sur les époux les bénédictions d'Allah, puis aussitôt la porte crie sur ses gonds; elle s'ouvre, et un vieillard paraît, portant Messaouda roulée dans un haïk écarlate. Tandis qu'il la dépose auprès de son jeune conducteur, sur le dos de la mule où des tapis sont disposés pour qu'elle puisse se tenir assise, le groupe des femmes se reforme autour d'elle. L'une rajuste le long voile qui dérobe son visage à tous les regards, l'autre lui place dans la main le guidon de soie de sa monture, et le cortège, danseurs et musique en tête, se remet en marche au travers des jardins.

A peine la mule est-elle en mouvement que l'eau d'une coupe retombe en pluie sur la mariée invisible, en présage de fécondité. Sur le parcours continuent les salves joyeuses. Des gamins nichés, pour mieux voir, sous les éventails des palmiers, saluent le défilé de leurs cris d'allégresse. On longe le mur d'enceinte en ruine qui défendait autrefois le village du côté de la rivière; on se presse sous une vieille poterne, ancien corps de garde à demi effondré; on s'entasse sur une petite place ensoleillée, et devant la maison du mari, toujours absent de ses noces, les danses se renouvellent au fracas d'une vive fusillade, pendant que Messaouda, descendue de sa mule, reste cachée derrière un rempart de femmes.

Tout à coup la foule immobile suit des yeux un objet écarlate qui s'agite au-dessus des têtes. Portée ainsi qu'une enfant dans les bras d'un de ses parents, Messaouda est conduite à l'entrée de sa nouvelle habitation. Le tissu qui masque ses traits voile aussi les émotions de cette frêle créature qu'on promène comme un fantôme à travers des cérémonies faites pour elle et dont la vue lui est interdite. Elle va franchir la porte basse où son destin la pousse vers un maître. Du haïk qui l'enveloppe se dégage alors sa main délicate, teinte en rouge, ornée de bagues et serrant un œuf de poule. Afin que l'abondance entre avec elle dans la maison, Messaouda brise l'œuf contre la muraille, puis sa silhouette voilée s'enfonce sous le vestibule obscur. Et la jeune vierge disparaît suivie des matrones qui doivent lui tenir compagnie jusqu'à l'heure où, à la faveur des ténèbres, son époux viendra les remplacer. Au jour, il disparaîtra pour ne rentrer dans sa demeure qu'à la nuit close. Ainsi durant sept jours.

Un coup de feu tiré dans l'intérieur retentit sourdement. Par la porte ouverte sort lentement une fumée mélangée de poussière. Le vent emporte ce dernier bruit de fête. La place se vide, la multitude s'écoule, et la cité arabe reprend peu à peu sa placidité habituelle.

LA

CHASSE AU FAUCON

LA
CHASSE AU FAUCON

Une chasse au faucon réunit les officiers de la garnison et les chefs indigènes avec une brillante escorte de cavaliers.

J'assiste à cette calvacade. Elle nous mène rondement en plaine.

Le rendez-vous est à une heure de marche, au puits qu'on trouve près d'Eddis, petit ksar à mi-côte en regard de landes couvertes d'alfa dans lesquelles nos chasseurs comptent rencontrer les lièvres.

Nous longeons les dunes où la nuit a laissé un léger dépôt de gelée blanche, tandis que le soleil dissipe lentement les vapeurs matinales étendues sur la ville.

Déjà le caïd d'Eddis, reconnaissable de loin à son burnous écarlate, galope vers nous, soulevant la poussière au-dessus des genêts.

Nous piquons droit sur les tentes qu'il a fait dresser pour la diffa. Tout le monde met pied à terre près des chameaux et des bourriquots qui ont apporté le matériel des cuisines.

Nos spahis entravent les chevaux. Nous prenons place sous le dais d'étoffe brune, relevé sur deux faces pour nous éventer.

A deux pas devant nous, attendent les fauconniers, gardant perchés, sur l'épaule ou sur leur main gantée, les oiseaux de race, au plumage fauve moucheté de blanc et de noir, aveuglés par un chaperon en cuir rouge lamé d'argent, rabattu sur leurs yeux.

Au seuil de notre tente, le sable boit le sang d'une gazelle tuée dans la matinée par l'aga Ben-Dif. A l'horizon défilent les chameaux de quelque tribu en marche.

Dans ces terres dénudées la moindre chose qui bouge à distance surprend l'attention. Tandis que chacun de nous, s'aidant d'un couteau, tire à soi la chair rissolée du *méchoui* (mouton rôti) que les serviteurs viennent d'apporter, deux cavaliers encore éloignés font mine de se diriger à petits pas vers nos tentes ; mais une fois près de nous, ils passent au large pour reprendre la direction d'Eddis.

Aucun de nous ne les eût autrement remarqués, si l'un d'eux, en travers de sa selle, n'eût porté un paquet d'une forme inusitée auquel le mouvement du cheval imprimait un balancement régulier.

Voyant notre curiosité s'éveiller par cet objet long, caché sous une étoffe épaisse et que protègent des branchages formant faisceau tout autour, un de nos indigènes, du ton le plus naturel et à notre grande surprise, nous apprend que c'est là un enterrement.

Ces deux cavaliers, ô simplicité des premiers âges ! transportent au cimetière voisin le corps d'un homme de la plaine. Ils rendent, sans plus de cérémonie, ce dernier devoir à leur semblable. Bientôt ils sont hors de vue. Et notre repas s'achève sans autre incident.

Renfourchant alors nos montures, nous commençons la chasse.

Tous les chasseurs se forment sur une seule ligne, par intervalles d'environ vingt mètres, à distance des fauconniers, dont l'équipage a pris l'avance et qui marchent en éclaireurs, faucon au poing. Presque tous montent des juments. Excités par ce voisinage, les chevaux écument d'impatience.

Cinquante cavaliers, parmi lesquels ressortent vivement les uniformes galonnés des officiers et les manteaux rouges de nos spahis, foulent d'abord une broussaille claïrsemée. On fait ainsi deux lieues, toujours au pas, avant d'accoster le terrain favorable.

Les genêts et l'alfa y croissent en touffes abondantes que nos Arabes fouillent d'un œil exercé, surtout les plus épaisses. Ils les tournent avec bruit en agitant leurs bournous, pour débusquer le gibier.

« Haou ! haou ! » crient-ils de temps en temps.

Un premier lièvre est bientôt aperçu. La ligne des rabatteurs replie ses deux ailes. Et les fauconniers qui maintenant occupent le centre déchaperonnent trois ou quatre faucons dégagés de leurs liens et prêts au lancer.

Les oiseaux en liberté s'élèvent dans les airs.

Mais leur vue perçante a découvert la pauvre bête en fuite. Tous foncent sur elle avec la vitesse d'une flèche.

L'un d'entre eux l'atteint déjà, la culbute et remonte aussitôt dans l'espace pour mieux l'observer, tandis que les autres faucons l'attaquent à leur tour. Frappé coup sur coup, le lièvre n'est cependant qu'étourdi. Il fuit toujours, déroute ses ennemis par des crochets soudains. Il parvient à leur échapper en se jetant dans le fourré d'un buisson qui lui offre un refuge. Ruses vaines ! Des cavaliers l'en viennent déloger. « Haou ! haou !... » Se glissant entre les jambes des chevaux, il repart de plus belle, affolé au vacarme des hourras, des apostrophes que les fauconniers lancent aux faucons pour exciter leur ardeur.

L'enthousiasme des Arabes est vraiment curieux. Quels grands enfants que ces hommes graves !

Les faucons, ramenés sur leur proie, la poursuivent dans tous les sens. Ils la meurtrissent du bec et des ongles, rebondissant dans l'air à chaque reprise pour fondre de nouveau sur elle.

Et le lièvre perd ses forces. Un dernier assaut le fait rouler à terre avec ses assaillants.

Au milieu des cavaliers accourus, du piaffement de leurs chevaux hennissant et caracolant, on ne distingue plus qu'une masse grouillante de plumes et de poil où des becs avides se disputent les yeux de la victime.

Quelques oiseaux s'acharnant après un pauvre

animal sans défense, voilà pourtant à quoi se résume une chasse qui provoque tant de tapage, d'éclat et de mouvement !

Alors, sans retard, les fauconniers mettent pied à terre et s'emparent de leurs faucons.

Le gibier, saigné à la gorge suivant un rite obligatoire, est ramassé ; les chevaux ont repris haleine ; les oiseaux captifs, de nouveau maintenus au poing, sont revêtus de leurs capuchons ; la ligne de rabat se rétablit et la chasse continue.

Cette fois, le vol des faucons lâchés avec ensemble les groupe dans la poursuite et dans l'attaque, et le lièvre est tué du coup.

Ailleurs le gibier part en même temps de plusieurs côtés. L'un des oiseaux, entraîné hors de la battue, chasse pour son compte. Un autre va se percher assez loin de nous sur un arbuste. Chaque fauconnier court à la recherche de son oiseau, galope jusqu'à lui, s'en approche doucement, lui fait reconnaître sa voix, l'appelle par son nom familier. Les fuyards sont vite ressaisis : le premier, sur sa proie, le second, qui n'est que désorienté, sur un leurre, — la dépouille d'un lièvre, — que son maître lui jette pour tromper son instinct carnassier.

Dans les alternatives d'une chasse où neuf faucons ont été engagés à tour de rôle, aucun de ces auxiliaires précieux n'a manqué au rappel. Heureusement l'oiseau de race, dont l'éducation exige de grands soins, déserte rarement les parages qui lui sont familiers.

La présence d'un aigle dans le voisinage peut quelquefois l'épouvanter. Il fuit alors, éperdu, à trop grande distance pour qu'il soit possible de le rejoindre ; mais on le retrouve presque toujours un peu plus tard en battant la plaine.

C'est même l'habitude, aux premiers jours de mars, quand le faucon, tout occupé de ses amours, a perdu son goût pour la chasse, de lui rendre sa liberté. Vers l'automne, soit qu'il obéisse à la voix de son maître, soit à l'aide d'un gibier vivant qu'on lâche devant lui, il se laisse reprendre sans peine. Quelque signe distinctif, une trace de feu sur le bec, un anneau à la patte, permet de le reconnaître, et chacun rentre ainsi en possession de son équipage.

Ces chevauchées superbes, ces vols d'oiseaux bien dressés, ces plaisirs des temps féodaux conservés encore chez plusieurs chefs de grande tente, passionnent nos officiers autant que les Arabes. Mais ils nous entraînent loin du point de départ. Déjà l'heure nous invite à nous replier sur Bou-Saada.

L'entrain des indigènes surexcités par la fougue de leurs chevaux se dépense au long du chemin. Le vertige les prend. Des galops furieux passent et repassent devant nous. Des fantasias échevelées ébranlent les échos.

C'est naturellement aux chefs militaires que revient l'honneur de recevoir en pleine figure les salves de mousqueterie. A peine arrivés devant eux, les rudes cavaliers, burnous au vent, droits sur leurs étriers, font le simulacre de coucher un ennemi en joue et tirent tous ensemble, sans ralentir l'impétuosité de leur élan. Les fusils, maniés avec adresse, reparaissent au bout des bras levés, tournoyant dans l'air au milieu d'un nuage de fumée : parades de guerre dont se grisent ces âmes belliqueuses, et qui viennent compléter une chasse à laquelle aurait manqué quelque chose si la poudre n'avait fait entendre son bruit favori.

Les émanations de la plaine surchauffée depuis le matin ont engendré de légers nuages, de forme arrondie, qui se groupent autour du soleil prêt à disparaître. Ces vapeurs éphémères se maintiennent un moment immobiles dans le rayonnement de l'astre, à distance de son disque brillant, enveloppées de sa splendeur. Puis elles se fondent en lumière d'or et s'évanouissent dans l'espace.

Sur le sable éclairé par les feux du soir, nos ombres, prolongées indéfiniment, bleuissent derrière nous les touffes d'alfa. Les rougeurs du couchant transparaissent à travers les crinières de nos chevaux. D'ardents reflets se jouent quelques minutes encore sur les visages des cavaliers cheminant en troupe. Alors toute la plaine du Hodna se nuance d'une teinte ardoisée qui gagne rapidement le ciel et monte peu à peu vers le zénith.

Et la nuit descend sur le ksar, lorsque nous y rentrons au milieu d'une foule d'Arabes arrivant de tous côtés pour le grand marché du mardi, avec leurs chameaux chargés de grains, de pains de dattes pilées, de guerbas sentant l'huile ou le goudron.

Les fondoucks s'emplissent, les boutiques sont encombrées, les cafés regorgent de monde, tandis que, dans l'air pur où pas une palme ne bouge, la voix lente des muezzins, rappelant aux fidèles l'heure de la prière, domine l'aigre son de la cornemuse qui fait danser, dans leur café maure, les filles des Ouled-Nayls.

Harmonie étrange où, dans le calme du crépuscule, les accords inspirés par l'idéal sensuel de l'Arabe s'unissent au chant monotone que son âme élève vers Dieu.

LES CHAMEAUX

DE L'AĠA EDDIN

LES CHAMEAUX

DE L'AGA EDDIN

Plusieurs années sans pluie avaient réduit les indigènes du cercle de Laghouat à un état si misérable, que le commandant Flatters chargea M. de Dianous, lieutenant aux affaires arabes, d'aller leur distribuer des secours. J'accompagnais dans sa mission le jeune officier français qui, deux ans plus tard, devait partager le sort tragique de Flatters et de ses hommes, massacrés dans le grand désert, après cinquante jours de marche, presque au terme de leur périlleuse traversée.

Dianous aimait avec passion les pays sahariens. Il les connaissait autant que la Provence, où il était né, et beaucoup mieux encore, car dans ces solitudes sans bornes le moindre détail prend de l'importance : une touffe d'herbe, une pierre isolée, se grave dans l'esprit comme en mer une voile, une épave. Il aurait pu au besoin désigner par leur nom chacune des plantes qui fleurissent sur le sable, chétives, grillées le jour, à peine rafraîchies la nuit par un peu de rosée. J'apprenais de lui comment pouvaient vivre des populations qui ont l'espace pour patrie, quelles mœurs nous allions trouver dans leurs villages fortifiés. Nous chevauchions de longues heures à travers des pays ingrats où règnent les splendeurs d'un soleil toujours radieux; puis nous apercevions les murs d'argile de quelque morne ksar; nous franchissions des jardins de palmiers, des vergers qu'embaumaient les fleurs du printemps. Nous nous trouvions bientôt entourés de gens qui, prévenus de notre arrivée, attendaient aux portes. Une nuée d'enfants rongés par la variole et l'ophtalmie grouillaient autour de nous, et les femmes en haïk bleu, la quenouille en main, glapissaient leurs *iou-iou* quand nous passions devant elles, dans les rues étroites, précédés d'un caïd empressé à nous accueillir sous son toit.

Là, en présence des notables assemblés, l'officier écoutait les suppliques des malheureux qui parlaient chacun à leur tour. Il faisait de son mieux pour soulager les misères étalées sous ses yeux; mais, ne pouvant les secourir toutes, il prenait l'avis de la *djemmâ* [1], qui désignait les habitants les plus éprouvés par la disette. Cela durait un jour ou deux, puis nous repartions avec cette pluie de bénédictions que les Arabes prodiguent à tout propos.

Parmi les ksours participant aux subsides, Tadjemout paraissait avoir souffert plus encore que les

---

[1] Conseil formé par la réunion des principaux du pays.

autres; toutefois ses jardins, fécondés à temps par une pluie récente, laissaient espérer une récolte passable. — « Pour ceux-là du moins tout n'est pas perdu », disait Dianous, tandis que nous nous éloignions au petit jour. Déjà les lueurs matinales glissaient au-dessus d'une vaste étendue de plaines encore enveloppées d'ombre, dont les lignes tranquilles, d'une pureté absolue, découpaient leurs moindres inflexions dans une atmosphère sans vapeurs. Les remparts en pisé qui, derrière nous, déroulaient leurs tours et leurs bastions, commençaient à s'éclairer de reflets dorés. L'enceinte fortifiée de Tadjemout évoquait ainsi le souvenir de quelque château fort du moyen âge. Nos chevaux secouaient la crinière avec ce frémissement sonore de naseaux qui marque leur ardeur; ils annonçaient par là, au dire de nos indigènes, que l'étape serait longue, ce qui cette fois ne devait pas arriver.

A peine avions-nous dépassé les derniers jardins, que nos regards s'arrêtaient avec stupeur sur de vertes cultures envahies pendant la nuit par des troupes de chameaux. Les grands ruminants, habitués au maigre régime des plantes sauvages, se régalaient d'orge tendre, arrondissaient leurs flancs osseux. Alourdis par leur bombance, la plupart s'étaient couchés au beau milieu des champs, pendant que d'autres, le cou tendu, achevaient de tondre les places épargnées.

Eh quoi! c'est ainsi que des récoltes si âpres à recueillir servaient à nourrir un troupeau!

Le lieutenant, pensif devant ce drame biblique qui allait jeter la consternation chez les habitants de Tadjemout, cherchait le moyen de les dédommager de ce nouveau malheur; mais comment faire? Les chameaux vont sans chameliers. Aux alentours, personne. Nos cavaliers galopent inutilement sans découvrir à qui appartiennent les animaux destructeurs. Surpris au réveil par la nouvelle de leur désastre, des ksouriens nous rejoignent déjà tout en émoi, entourent l'officier et s'écrient avec des gestes attristés : « C'est la volonté d'Allah! Que sa miséricorde allonge tes jours! Tu es notre père. » Alors Dianous donne à tous l'assurance qu'ils seront indemnisés. Et tous répètent : « Tu es notre père. » Je suis aussi un peu leur père en cette occasion, car plusieurs me baisent les mains.

Vingt chameaux saisis aussitôt pour caution sont dirigés sur Tadjemout. Et pendant qu'un courrier, mandant l'envoi d'un *adel*[1], est envoyé au chef des affaires arabes de Laghouat, un autre vole à la recherche de l'aga Eddin, chef du Djebel-Amour, qu'on suppose être le possesseur du troupeau vagabond, et dont les tentes ont été vues, la veille encore, au sud d'Aïn-Madhi. Cela fait, nous gagnons tranquillement cette cité monacale.

Une zaouia[2] célèbre y entretient, comme on sait, le fanatisme de toute la contrée. De cette résidence

---

[1] Greffier du cadi. *Adoul*, au pluriel.
[2] Cette zaouia renferme une mosquée et le tombeau du grand Tedjini, l'ennemi de l'émir Abd-el-Kader.

solitaire, les Tedjini étendent leur pouvoir bien au delà des frontières de notre colonie. L'illustre famille de marabouts est aujourd'hui réduite à deux frères issus d'une négresse illégitime. El-Baschir, le plus vénéré, nous accueille. On voit que les fidèles ne le laissent pas chômer de leurs dons. Sa personne trop grasse, emmitouflée dans une couche de burnous superposés, est servie par des hommes noirs comme elle. L'un des zélateurs qui marchent sur ses talons est marqué au front d'une protubérance charnue, sorte de callosité en forme d'hostie et du ton de la corne, stigmate pieux, — ainsi que me l'explique un familier de la maison, — gagné à force de se prosterner à la mosquée.

El-Baschir ne répond à nos questions que par monosyllabes. Il se contente d'ouvrir de temps en temps ses lèvres grotesques avec un sourire d'idiot. La réception est d'ailleurs telle qu'on peut la trouver dans une maison bien pourvue. Pendant le repas qui nous est servi, les plats se succèdent, passant par les mains de serviteurs qu'on n'entend pas marcher. De sombres figures d'ascètes semblent rivées aux murs blancs; silencieuses, elles suivent nos mouvements. Au centre de cet entourage sévère trône El-Baschir, immobile, roulant des yeux de pagode qu'interrogent sans cesse les serviteurs. Dianous, après un silence, me dit à l'oreille : « Eh bien, que pensez-vous de ce service? Remarquez comme chacun obéit. Tout ridicule qu'est ce pontife, il n'aurait pourtant qu'un signe à faire, si l'envie lui en prenait, pour voir nos têtes rouler à ses pieds. » — Hélas! qui m'eût dit alors que la tête de mon aimable compagnon devait si tôt tomber sous les coups des Touaregs!

Au moment où circulent les aiguières dans les bassins de cuivre destinés aux ablutions qui terminent tout repas, un bruit de chevaux se fait dehors, et presque aussitôt se présente au lieutenant Dianous le fils de l'aga Eddin, bambin de douze ans, botté, éperonné, charmant. Il explique avec un aplomb amusant comment les chameaux de son père, laissés sans entraves près des tentes, se sont écartés du campement faute de surveillance, errant ainsi la nuit, sans guides, jusqu'au pied de Tadjemout.

« Le seigneur Eddin, ajoute l'enfant, est ton serviteur. Il se soumet à ton autorité. » A quoi le lieutenant se borne à répondre que, voulant conférer avec l'aga lui-même, il lui donne rendez-vous pour le lendemain à Tadjemout.

Le lendemain, devant le seuil de la maison du caïd, arrive avec sa suite, monté sur un superbe alezan, le chef du Djebel-Amour, beau vieillard, grand, de mine austère, un peu affaissé par l'âge. Il inspire le respect par des manières nobles et bienveillantes. Son costume simple, — un burnous noir dont les plis flottent sur un haïk de laine et tombent jusqu'à terre, — sied au représentant des fières tribus qui conservent les traditions des ancêtres dans toute leur pureté. Le vénérable patriarche, après avoir salué l'officier français, prend place auprès de deux adoul qui écrivent dans le creux de leur main, sur papier volant, avec la pointe d'un roseau taillé. Dans un court entretien, l'aga Eddin accepte sans observation les décisions prises à son égard. Les habitants de Tadjemout rendront les chameaux saisis ; ils seront indemnisés de leurs pertes : tout est donc au mieux de leurs intérêts. Le soir, autour d'une même table, l'aga, le caïd, les adoul, rompent avec nous le pain de l'hospitalité. Il n'est plus question de l'aventure, et une nuit sereine, telle qu'il n'en existe qu'au désert, enveloppe bientôt les murs sombres de l'humble cité endormie où l'homme a tant de mal à subsister.

A cheval dès le matin, nous recevions l'adieu du caïd, prêts à nous éloigner pour la seconde fois de Tadjemout et à nous diriger vers El-Hahouita, autre ksar ravagé par l'inondation. Des Arabes dont nous commencions à connaître les visages se tenaient debout dans la cour, à quelque distance de nos chevaux. C'étaient les notables. Ils avaient attendu le lever du lieutenant pour lui présenter une requête. Qu'était-ce encore? Ces mêmes hommes, qui la veille s'indignaient avec raison et demandaient justice, venaient à présent supplier « leur père » d'arrêter les poursuites contre un aga aussi puissant que le seigneur Eddin. « Le mal qui vient de Dieu, disaient-ils, Dieu le guérit. »

Mais sans se rendre à ce désir, Dianous ouvrait la marche, et nous repartions. « Que faire, me disait-il en chemin, de gens à ce point fanatisés? Nous intervenons en leur faveur, nous pensons les défendre contre les exactions de chefs qui les dépouillent, et voilà comment ils refusent eux-mêmes la protection que nous voulons établir. Vous trouverez partout, chez ce malheureux peuple, même prestige de la force, même crainte de l'autorité. C'est toujours, ici, l'histoire des chameaux de l'aga Eddin. »

LA FAMINE

LA FAMINE

Ce matin, suivant le lit de la rivière, j'avançais seul à travers les lauriers-roses, distrait de temps à autre par le vol de quelque oiseau aquatique fuyant au bruit de mes pas ; je longeais le pied des falaises de terre jaune, rayées comme une immense peau de tigre par des crevasses profondes, lorsque mes yeux s'arrêtent sur une sorte de grotte que les pluies ont creusée, et d'où s'échappe un léger tourbillon de fumée.

Je distingue, en approchant un peu, toute une famille d'Arabes tassés autour du feu allumé dans l'antre qui leur sert d'abri. Les malheureux sont à moitié nus, et si maigres, que leurs os soulèvent de toutes parts l'épiderme. J'observe silencieux cette scène navrante, semblable à tant d'autres qui attristent le regard depuis plusieurs mois.

L'année est rude à traverser pour les Arabes, frappés coup sur coup par la guerre, par les sauterelles, par la sécheresse. Les silos se vident, l'argent manque presque partout, et ceux qui ont encore des réserves les gardent avec un soin jaloux.

Au milieu de leurs pâturages stériles, les derniers troupeaux errent, épuisés, en proie au typhus, et c'est à peine si les bergers, à l'aide de quelques feuillages coupés dans les bois, parviennent à en sauver une faible partie. Le cheval, d'abord rationné, dépérit près de la tente, puis il se couche pour ne plus se relever. On l'abandonne aux chiens, sa chair étant défendue par le Prophète. Des bandes d'indigents affamés courent les campagnes, se rabattent sur les villes, excitant la pitié des colons : elles n'y trouvent que des secours insuffisants qui prolongent les souffrances du plus grand nombre sans les préserver de la mort. La mort les trouve impassibles; les hommes l'attendent sans une plainte, drapés dans un lambeau de vêtement, égrenant leur chapelet, tandis que les femmes, avec des enfants étiques, se traînent de porte en porte, s'arrachent les débris de viandes, se disputent les eaux grasses jetées d'ordinaire au ruisseau, et que la charité ne manque pas de leur réserver en ces jours de deuil. Dans les plaines désertes comme dans les cités, de nouvelles victimes sans cesse ramassées vont accroître les rangées de tombes fraîchement creusées dans les cimetières où les Arabes ensevelissent leurs morts.

Ce qui se passe à côté de moi n'est qu'un épisode des misères semées par le fléau.

De sourds gémissements sortent de la grotte, perdus dans le silence. Soudain les voix murmurent ensemble un verset de la prière des musulmans ; elles répètent, sans varier, dans un chant uniforme, la phrase consacrée : « La Allah ila Allah ! Mohamed rassoul Allah[1] ! »

J'hésite d'abord à m'approcher davantage, de peur de troubler le recueillement de ces affligés.

Cependant l'envie de leur venir en aide me pousse vers eux. La présence d'un étranger les laisse indifférents. Un homme qui paraît être le chef de famille s'est levé, mais il se rassied aussitôt, et je le vois qui retire du feu une poignée d'orge grillée pour la partager entre les mains avides tendues vers lui. Deux garçons, dont l'un déjà est grand, une fille qui peut avoir dix ans, et cet homme, composent la famille en détresse. J'ouvre ma bourse : l'homme, avec un regard hébété, prend l'argent que je lui donne ; puis, le bras dirigé vers le fond obscur de l'antre, il me montre, avec une simplicité touchante, le corps d'une femme étendue sous une étoffe salie qui la voile des pieds à la tête.

Comprenant que les prières n'étaient qu'un chant funèbre : « Est-ce là ta femme ? dis-je au malheureux. — Non, répond-il, ma femme est morte ; c'est ma mère, morte aussi. »

Et complétant sa pensée par un geste, il semblait dire : « C'est la destinée de l'Arabe. »

Se penchant ensuite sur les siens, il arrache des bras engourdis de la jeune fille un petit spectre humain

---

[1] « Il n'y a de Dieu que Dieu ! Mahomet est son prophète ! »

que je n'avais pas aperçu, squelette respirant encore, dont le visage a pris hâtivement les rides de la vieillesse, et qui laisse osciller une tête sans pensée sur des muscles sans force pour la soutenir.

. . . .

Je m'éloigne de cette tombe ouverte. Derrière moi reprennent les chants monotones. Je les entends un moment encore. Affaiblis par la distance, ils s'évanouissent bientôt tout à fait.

Et la triste psalmodie me poursuit, bourdonnant toujours à mon oreille : « La Allah ila Allah ! Mohamed rassoul Allah ! »

LA KOUBBA

LA KOUBBA

De petits monuments d'une blancheur immaculée, qui brillent au soleil avec un scintillement d'étoile, arrêtent forcément le regard de tous ceux qui traversent les silencieuses contrées de l'Ouest algérien. Ils surgissent, de distance en distance, à la pointe extrême des mamelons, parfois solitaires et sans ombrages, parfois abrités sous des arbres séculaires aux rameaux desquels sont pendus des chiffons de toutes couleurs, modestes ex-voto, témoignages d'une naïve crédulité et d'une foi profonde. Ces monuments sont des koubbas, tombeaux de marabouts, ou refuges élevés en souvenir de quelque fait miraculeux. Parfois de simples amas de pierres vives, disposés en pyramides, surmontés d'un semblant de drapeau qui flotte au vent, sont aussi des points de ralliement pour les Arabes de cette province, la plus fervente et la plus superstitieuse de l'Algérie.

Parmi ces stations pieuses, une des plus vénérées

est celle de Lalla-Marnia. On prétend, sous la tente, que l'influence posthume de cette thaumaturge est encore toute-puissante, et l'on raconte aux petits enfants les miracles qu'elle accomplit de son vivant, avec la protection d'Allah. Ses louanges ont passé sur les lèvres de plusieurs générations. Pour honorer à jamais sa mémoire, ses restes furent déposés dans la koubba, qui depuis est un but de pèlerinage, une halte pour les voyageurs, un rendez-vous pour certaines fêtes appelées *ouadâs*.

Cette koubba, en temps ordinaire, est peu fréquentée. On l'aperçoit de très loin, posée comme un oiseau blanc sur une éminence de terre rougeâtre et nue. De près, c'est un petit temple carré, barbouillé de chaux, couronné d'un dôme assez pur de lignes, et placé juste au milieu d'un cimetière. A l'intérieur figurent les sarcophages de plusieurs vertueux marabouts. Celui de Lalla-Marnia est enfermé dans une boiserie à jour, grand coffre peinturé d'arabesques grossières et pompeusement surmonté de drapeaux en brocart d'or, dont les hampes, avec leurs croissants, avec leurs boules ciselées, vont toucher le sommet de la coupole. Sur les murs encadrés d'ogives, à côté des empreintes grasses des mains qui s'y sont appuyées, on découvre plusieurs mains gravées en relief, pour préserver du *mauvais œil*. Au dehors et tout autour du monument s'échelonnent les humbles pierres tombales de la foule des morts, enterrés les pieds tournés vers le levant, terre d'Abraham et tombeau de Mahomet. Aucune épitaphe. Quelques pierres, plus élevées que les autres, sont l'objet d'une vénération spéciale. Parfois, le soir, à la porte de la koubba, brillent les feux qu'y allument des Arabes fatigués, décidés à passer la nuit sous l'hospitalité sainte de ses murs. Au loin se prolongent ces steppes infinies qu'arrose la Mouila, et qui vont, à sept lieues de là, mourir aux premières assises d'une chaîne de montagnes dont les anneaux traversent la frontière du Maroc. Çà et là les fumées de quelques douars invisibles sortent des ondulations du terrain ; elles trahissent la présence d'une population limitrophe, sans cesse exposée aux coups de main d'habiles rôdeurs, qui savent échapper à toute poursuite en changeant de pays. Dans le lointain, une tache verte s'allonge de l'ouest au nord : c'est une forêt de térébinthes. Et par certains temps clairs, la première ville marocaine, Oudjda, montre dans une vapeur fluide ses jardins, ses maisons, ses mosquées.

C'est à cette koubba que s'accomplissent les vœux, que se terminent par des serments la plupart des contestations, et que se porte en masse, aux jours de calamité publique, une foule anxieuse et misérable, pour y faire de solennelles invocations.

Une longue sécheresse menace-t-elle la récolte, c'est au pouvoir surnaturel de Lalla-Marnia que l'on recourt. Ses mânes sont conjurés d'assombrir l'azur d'un ciel étouffant et de répandre sur la terre l'eau des nuées, sans laquelle la disette est inévitable.

De toutes parts on accourt, on se rassemble, avec l'attirail d'un campement provisoire, des joueurs de *derbaïrs* (tambourins) et des chèvres pour le sacrifice. Le cimetière est envahi par une multitude en guenilles. Des feux s'installent, des cuisines s'improvisent dans les intervalles étroits qui séparent les sépultures de tant d'êtres disparus. On marche en trébuchant entre les jambes d'animaux qui s'étirent, se roulent sur le sable, à côté de groupes accroupis ou de gens affairés par les apprêts d'un festin. On se heurte aux objets de toute sorte qui traînent pêle-mêle sur le sol : amphores remplies de beurre, outres velues toutes gonflées d'eau, sacoches bourrées de farine, plateaux de bois grossier, poteries enfumées, et le pied foule des loques salies, effilochées, racornies, des lambeaux de couvertures à larges rayures noires, des bâts de mulets souillés de graisse, des brides recousues, des harnachements rapiécées, qui dénoncent à l'observateur la résistance voulue de ces populations primitives au courant des civilisations modernes. Le tumulte s'accroît à mesure que grossit la foule. C'est une confusion de voix enfantines et de paroles graves entrecoupées par le bêlement des chèvres qu'on égorge ou par des braiments d'ânes heureux d'être délivrés de leurs fardeaux.

Sur les marches lézardées de la koubba, les musiciens, dignes du respect des sages, prennent place auprès des marabouts fils des marabouts. Et les tambourins résonnent sourdement, et des chants s'élèvent, chœurs de femmes mal vêtues portant au cou le collier à gros grains, signe distinctif des musulmans qui ont accompli le voyage à la Mecque.

Le couteau fouille les entrailles fumantes des victimes. Près de sa peau sanglante, une bête dépecée est ficelée entière, avec ses cornes, autour d'une longue perche que deux Arabes font mouvoir devant un brasier, une main sur les yeux pour se garantir des étincelles. Et les plus pauvres, amaigris par un long jeûne, suivent d'un regard avide la cuisson de cette chair qui se dore petit à petit, constamment arrosée de beurre et parfumée d'aromates.

Le soleil, à son déclin, verse sa lumière empourprée sur ces pauvres gens dont les haillons misérables grouillent comme les toisons d'un troupeau de moutons. C'est avec un entrain peu dissimulé que les groupes se resserrent autour des grands quartiers de viande rôtie et des plateaux chargés de couscoussou, de tâdjins et de galettes au miel. Les plats circulent. Les notables d'abord se rassasient, ensuite les humbles, enfin les serviteurs. De jolis enfants, adorablement encapuchonnés, laissent apercevoir leurs grands yeux noirs; ils se tiennent au milieu de la fête presque sans bouger, rêvant à la part qui pourra leur revenir de ces bons morceaux lorsque leur tour sera venu. Leurs visages sont sérieux, leurs mouvements graves. Ils ont déjà de la dignité. Leur grâce enfantine est mélangée d'une précoce mélancolie et d'une sorte d'indifférence imitée de leurs pères, hommes circonspects qui font mentir l'adage philosophique du vieux Rabelais, car si le rire est le propre de l'homme, il ne caractérise guère l'Arabe, austère comme le pays qu'il habite.

Peu à peu la nuit est venue changer la physionomie de cette scène. Au fond d'un azur ténébreux pointillent quelques étoiles. La lune paraît. Les ardeurs mourantes du couchant s'éteignent tout à fait; une lumière pâle blanchit les campagnes; un calme imposant se fait autour de ce coin bruyant.

Certaines tombes, tout à l'heure inaperçues, se sont enveloppées d'auréoles légères qui tremblent au-dessus de lampes invisibles. Des lueurs imprévues, des profils bizarres, projetés par les foyers, courent sur les faces nues de la koubba. Des êtres passent dans un rayon de lune. D'autres, les pieds devant la flamme, éclairés sous le menton, prennent des expressions fantastiques. Entrevues dans l'épaisseur des ombres, des figures drapées vont et viennent avec des démarches de fantômes. On dirait que les âmes errantes de ce lieu funèbre se sont mêlées à la foule des vivants.

Mais l'attention s'est reportée tout entière vers la koubba. Ceux qui n'y peuvent entrer, — car elle est petite pour tant de monde, — se contentent de jeter un regard par l'ogive béante de la porte, et leur figure s'éclaire du reflet des cierges allumés dans l'intérieur. D'autres se bornent à écouter les chants et la musique. Quant à ceux qui ont pu se glisser dans le sanctuaire, ils assistent à des scènes étranges.

Là des femmes, sérieuses comme des divinités, sont assises, les jambes croisées, le long des murs; quelques autres, cariatides vivantes, se tiennent debout dans les encoignures des ogives. Leurs chairs ont les reflets du bronze. De longs sourcils qui se rejoignent par un tatouage léger ombragent leurs yeux obliques, agrandis sur les bords par le bleu d'une teinture. Le milieu de leur front et les pommettes de leurs joues sont marqués de petites étoiles gravées dans l'épiderme. Plusieurs rangs de colliers en verroterie mêlée de corail et de monnaies turques tombent de leur cou sur leur poitrine, entre les agrafes d'argent terni qui enchaînent le haïk, sur chaque épaule, à la naissance des seins. Leur gorge soulève cette masse d'ornements, lorsque pour chanter elles entr'ouvrent leurs bouches de sphinx et marquent la cadence en frappant l'une contre l'autre des mains rougies avec du henné. La lumière vacillante des cierges, de temps en temps, allume dans leurs yeux de rapides éclairs.

Les musiciens ont trouvé place sur le couronnement des sépulcres. Derrière les énormes tambourins qui les couvrent comme des boucliers, ils s'agitent entre les hauts étendards. Ces majestueux insignes des victoires passées les enveloppent comme des gloires et les caressent de leurs franges d'or, chaque fois que la brise extérieure, passant au-dessus des têtes, vient éventer leurs fronts en sueur.

Rien d'abord qu'un prélude doux, monotone, des modulations barbares alternant avec d'aigres voix qui chantent à l'unisson; un bruit rythmé, égal, persistant, auquel on finit par trouver certain charme sauvage. Progressivement le rythme s'accélère, les tambours ont une résonnance plus mâle.

Tout à coup un cri, presque un cri de bête, retentit dans l'étroite enceinte, et tous les yeux se portent en même temps sur une femme qui se tord comme si un serpent venait de la mordre. Un feu intérieur paraît la dévorer; elle roule des yeux extatiques, ses bras nus frémissent, ses doigts sont crispés. Les vêtements en désordre, les cheveux épars, elle se dégage de ses compagnes, se dresse contre la muraille où tremble son ombre, jette en l'air des mains suppliantes qui semblent à la fois étreindre et repousser une vision. A quelle appréhension veut-elle échapper? Quel mystérieux prestige l'entraîne vers l'inconnu? Elle hésite encore. Mais l'espace vide réservé près des musiciens la fascine, l'attire. Elle s'élance. Et vingt tambours, frappés à la fois, se penchent sur elle, troublent son ouïe, pendant qu'une vieille, ridée, osseuse, présente à ses narines un fourneau de terre où brûle de l'encens. Elle respire à plusieurs reprises ce parfum qui monte à son cerveau, le pénètre et l'étourdit.

Une beauté singulière relève ses traits déjà flétris. Émue, palpitante, elle exécute alors, en piétinant sur place, un léger balancement de tout le corps, contenu d'abord, mais qui peu à peu, par une progression constante, s'accroît, s'accentue, avec de brusques renversements de la tête sur les épaules. Excitée par les cris d'allégresse de ses compagnes, suante, essoufflée, elle accélère encore la violence de ses mouvements, faisant sonner les talismans et les pendeloques de métal qui se heurtent sur sa gorge avec un cliquetis d'armure.

Est-ce là une danse? Quelle peut être exactement la signification de cette pantomime passionnée, et quel nom donner à ces contorsions sous l'empire desquelles la femme abandonne toute sa grâce pour n'offrir que l'image pénible de la démence? Cela dure des heures entières, jusqu'à la fatigue, jusqu'à l'épuisement. Vaincue enfin, évanouie, elle s'affaisse, raidit ses membres, roule sur la dalle sonore. Plusieurs matrones aussitôt se penchent vers ce corps inanimé, le relèvent, l'emportent hors de la koubba, le déposent près de ses murs et l'y oublient.

D'autres hallucinées prennent sa place. Avec les mêmes gestes, la même exaltation, elles renouvellent jusqu'au matin ces cérémonies mystérieuses. Tour à tour anéanties, elles succombent à leur délire. Souvent ces convulsionnaires, voulant afficher leur mépris de la douleur physique et démontrer qu'elles sont invulnérables, permettent à leurs coreligionnaires de frapper leur corps engourdi, de le piétiner, de marcher sur leur ventre, sur leurs seins, devant des enfants étonnés et des vieillards blasés d'un tel spectacle.

. . . .
. . . .

Le dôme de la blanche koubba dessine déjà sa courbe gracieuse sur un ciel matinal d'une extrême pureté. L'alouette salue joyeusement par sa chanson le réveil de la nature. Les exhalaisons embaumées qui précèdent les belles journées montent dans l'azur. Bientôt le monticule s'éclaire. Un jour encore blafard se répand sur le cimetière converti en bivouac. Parmi la foule des Arabes, sur le sol nu, une douzaine de femmes gisent étendues comme des créatures ivres-mortes.

Alors, au seuil du tombeau de Lalla-Marnia, une à une, ressuscitent les femmes en léthargie. Le sens peu à peu leur revient. Elles rajustent machinalement les turbans fripés de leurs coiffures, remettent les agrafes de leurs draperies souillées par un mélange de poussière et de sueur, pendant que, tout autour d'elles, sellées et sanglées, les mules et les bourriques reprennent leurs fardeaux. Les brises fraîches du matin, passant sur leurs visages blêmes, soulèvent les mèches de cheveux encore à demi collées sur leurs tempes. L'air hébété, les yeux troubles, muettes, immobiles, elles attendent le signal du départ.

TAOURIRT-EL-MOKRANE

TAOURIRT-EL-MOKRANE

Le pays montagneux des Kabyles, perdu pendant plusieurs jours de suite dans les brouillards d'une pluie froide, s'est tout d'un coup éveillé avec un temps radieux. Les arbres égouttent leur feuillage dans la lumière du matin, le soleil sèche les terres trempées : une belle journée se prépare.

Jusqu'à l'horizon le ciel est pur, mais du point où je me suis assis, la vue plonge sur une mer de vapeurs blanches maintenues au même niveau dans l'air immobile. Plusieurs îlots de verdure émergent du sein de ces nuées terrestres ; ils semblent poser sur un lit de ouate mollement étendu dans l'ombre immense du Djurjura, dont les cimes se dressent au loin.

De temps à autre passent des souffles caressants. Les vapeurs endormies se rident à la surface, puis elles se déchirent çà et là, puis, emportées par les courants qui s'établissent dans les bas-fonds, elles ondulent ainsi que des vagues soulevées par quelque brise. De nouveaux îlots surgissent, portant un village à leur crête. Cette mer mouvante se partage en fleuves ; les fleuves s'écoulent lentement vers l'ouest, et les vapeurs, alors séparées, flottent comme une gaze transparente, découvrant des villages, des bois, des terres à demi cultivées. Je crois assister à la formation d'un monde dont les éléments se soudent l'un à l'autre, enchevêtrent leurs lignes capricieuses, et accusent bientôt de monstrueux reliefs, des profondeurs gigantesques : la Kabylie apparaît avec ses monts, avec ses précipices, dans la plénitude de sa beauté robuste.

Pas un bruit n'arrive jusqu'à moi de tous les villages rapprochés. Une fumée s'élève, de loin en loin, d'une terre qu'on défriche, et plusieurs aigles, en quête d'une proie, croisent leur vol à travers l'espace.

Un homme cependant vient par le sentier, la pioche sur l'épaule, et me dit bonjour en français. Il est de Taourirt, du village qui dessine la tour blanche de sa mosquée entre deux versants, dans une trouée de soleil. L'homme se rend à son champ, vêtu d'une tunique dont les plis, fixés à la taille par un ceinturon de cuir, laissent les bras nus et tombent à mi-jambe. Une sacoche de paille, une gourde, un couteau, complètent son accoutrement. Il va, le cou libre et tête nue ou peu s'en faut, car sa petite calotte crasseuse et luisante, d'une laine usée, autrefois rouge, a si bien pris le ton de la chair, adhère si parfaitement au crâne, qu'elle ne se voit pas tout d'abord.

D'une voix traînante, il lance dans la vallée un appel, répété par les échos. Des voix répondent. Il enjambe le talus, descend à travers la broussaille la pente à pic, et rejoint des travailleurs occupés à arracher les palmiers nains d'un sol vierge. Une femme les aide dans ce travail. Sur le champ voisin, en me penchant un peu, j'aperçois un jeune Kabyle juché tout en haut d'un grand arbre dont les branches s'élancent sur le vide. Quels risques pour récolter des feuilles de frêne! Mais il faut nourrir les bestiaux pendant les neiges de l'hiver qui approche. Dans un pays mal pourvu en pâturages, cette récolte est une ressource. Les frênes, tous les ans mutilés, prennent en vieillissant des formes baroques. Quelques-uns, d'âge séculaire, atteignent des hauteurs prodigieuses.

Je m'engage sur la sente muletière qui conduit à Taourirt par des détours pittoresques, en descendant toujours. Les ravins se succèdent. Des ruisseaux bruissent au fond. Je croise en chemin des femmes allant pieds nus, surchargées de poteries peintes, d'énormes cruches de forme antique, spécimens de leur industrie qu'elles vont en hâte vendre au marché voisin. L'une de ces artisanes en porte jusqu'à quatre sur le dos, et en plus, une de chaque main. Elle presse le pas, elle me frôle avec ses draperies flottantes. Des hommes suivent, poussant des mules chargées aussi de cruches fraîchement fabriquées.

Les bêtes, surprises à l'aspect d'une figure étrangère, s'arrêtent court, hésitantes, peureuses. Celle-ci, rétive, oblige son conducteur à la mener par la bride et lance des ruades sur le bord du précipice.

Plus loin défilent d'autres groupes avec de nouvelles poteries, puis cinq ou six moutons marchant serrés, un couple de bœufs crottés et tout petits, qui, comme les mules, ne veulent plus avancer dès qu'ils me voient. Les uns se sauvent en arrière, les autres grimpent précipitamment les talus pour m'éviter. Qu'ils sont drôles dans leur épouvante !

Taourirt, que j'avais perdu de vue, reparaît à un détour du sentier, baignant dans un brouillard bleuâtre. Des pentes abruptes, boisées d'oliviers clair-semés, masquent encore une fois ses toits rouges; mais bientôt s'alignent les premières maisons du village, et j'y entre en même temps qu'une dizaine de femmes qui reviennent de la fontaine avec leurs cruches toutes ruisselantes; scène charmante et noble, où l'élégance de l'amphore complète la grâce de la femme.

Alors se développe, sur le sommet du mamelon, Taourirt-el-Mokrane, avec les pentes vives de ses jardins potagers plantés de toute espèce d'arbres à fruits. Les figuiers de Barbarie ont envahi le bord du sentier, où l'ombre hérissée de leurs raquettes s'imprime durement sur une poussière verdâtre mélangée de bouses de vache. Des odeurs de terroir circulent dans l'air qui s'échauffe. Le sentier, devenu montueux, mène rapidement en haut de la côte, et je marche entre deux rangées de maisons basses, construites en pierres brutes, couvertes de tuiles grossières, sans ouverture sur la rue et séparées toutes par une étroite impasse qui s'évanouit à vingt pas au-dessus d'un gouffre. Chaque foyer prend son jour dans cette impasse : elle offre une agréable échappée sur le pays, et les habitants peuvent, de chez eux, surveiller les alentours.

Bien que la population de Taourirt soit en contact journalier avec nos colons de Fort-National, l'apparition d'un Français y cause encore quelque surprise et une pointe d'inquiétude. Les femmes ne passent près de moi qu'en doublant le pas. De l'embrasure de leur porte, les plus curieuses se penchent bien un peu pour voir le « Roumi »; mais si je m'arrête, si je les regarde moi-même, elles rentrent aussitôt chez elles. De loin les fillettes poussent de petits cris et se sauvent en courant jusqu'à l'entrée du logis, où elles disparaissent ainsi que des souris effrayées rentrant dans leur trou. Il faut un moment pour calmer leur peur. Quelques-unes se risquent petit à petit, s'enhardissent enfin et viennent me demander des sous. Les garçons vont même jusqu'à me suivre à distance, tandis que je monte et redescends les rochers glissants formant escalier dans l'unique voie de Taourirt. Je ne rencontre que peu d'hommes; la plupart sont au marché. Bien des femmes aussi sont dehors; à peine s'en montre-t-il une par-ci par-là, auprès d'une maisonnette parfois moins haute qu'elle. Mais il y a de tous côtés quantité de bambins fort amusants avec leurs tignasses ébouriffées, qui grouillent dans les ruelles, au milieu des poules, des pigeons, sur les tas d'ordures, entre les échelles rustiques, les amas de bois mort, les jarres hors d'usage et toute sorte d'ustensiles.

Au centre à peu près du village, la file des constructions se trouve interrompue par une petite place ouverte sur les perspectives bleues du Grand Atlas. Là, des hommes m'invitent à m'asseoir sous un porche ombreux tenant lieu de vestibule, où l'on m'apporte du lait, des raisins, des figues. Ce vestibule donne à la fois sur la place et sur un hangar occupé par trois femmes qui font tourner la meule à broyer l'olive. Elles marchent de front, d'un pas agile, pieds nus, et poussent l'arbre noueux qui met en mouvement l'énorme disque de granit suintant l'huile à ses bords. Un ronflement sourd, continu, bourdonne à mon oreille, tandis que les travailleuses passent et repassent sans cesse, rasant des murs trop rapprochés ou courbant le front sous un plafond trop bas.

Tout en échangeant quelques paroles avec mon entourage, j'observe discrètement le rude labeur de ces femmes, l'énergie contenue de leurs attitudes, l'ampleur sévère de leur vêtement et le rythme particulier de leur démarche. Après des milliers d'années, les Kabyles se retrouvent, à peu de chose près, tels qu'ils pouvaient être à leur origine. On se demande, en présence d'une civilisation si arriérée, en quoi ils ont pu modifier leurs anciennes mœurs. Il ne fut guère possible à ces peuplades, chassées naguère du pays de Chanaan, selon les légendes arabes, d'accomplir leur développement moral au milieu des envahissements qui mirent tour à tour leur territoire à la merci des Romains, des Vandales, des Arabes, des Turcs. Aussi n'ont-elles jusqu'aujourd'hui relevé leurs ruines que pour les voir s'écrouler de nouveau. Notre conquête leur donne enfin des maîtres cléments, mais sans parvenir à éteindre leur instinct d'indépendance. Le jour où nous penserons à faire des citoyens de ces vaincus d'hier, peut-être finiront-ils par trouver en nous des libérateurs ! Le Kabyle, doué d'un esprit productif, n'est pas incapable de sentir l'humanité de nos lois ; il n'est pas non plus, comme le nomade, hostile à toute réforme. Dans sa nature physique même se rencontrent maintes analogies qui le rapprochent de nous : le marbre nous a conservé les profils de Romains que ses traits rappellent fréquemment, et chez plusieurs, caractérisés par des yeux bleus, un teint clair et leurs cheveux roux, le sang germain peut aisément se reconnaître : indices qui laissent supposer qu'une partie des dominateurs vandales et des anciens colons de race latine se serait confondue avec les premiers habitants du pays. Avec son menton carré, son front large et proéminent, l'un de mes hôtes réveille en moi le souvenir d'un vieux professeur que j'eus autrefois. Au moment où mon regard, fixé sur le sien, constate cette ressemblance, il désigne un homme qui traverse la place en se dirigeant droit sur nous et vers qui toutes les têtes se retournent en même temps. « Voici l'*amine !* »

me dit-il. — L'amine ! entends-je répéter à mes côtés. Je suis, sans l'avoir cherché, dans la maison de l'amine, la plus haute autorité du pays.

Il vient à moi d'un air tranquille et me retient avec politesse. Les gens accroupis, dès mon arrivée, sur les bancs ménagés dans l'enfoncement du mur, ont dû se resserrer un peu pour faire place à leur magistrat. Lui, sans plus de façons, avec une bonhomie d'honnête bourgeois, a déjà croisé ses jambes sur le tapis qui recouvre la pierre usée. Sa tenue, il me faut bien le remarquer, n'est guère plus soignée que celle de ses voisins, dont le burnous est plus ou moins huileux. Rien d'ailleurs n'indique en lui la suprématie de son rang : ce seul trait suffit à distinguer le Kabyle de l'Arabe.

On sait que les amines, ainsi que les maires de nos communes, sont élus aux suffrages d'une djemmâ, — conseil municipal, — qui elle-même est issue du choix des habitants. L'autocratie des chefs fait ici place à un pouvoir tout paternel. De là des mœurs plus conformes aux nôtres. Si la dignité, chez le Kabyle, s'affiche moins à l'extérieur, elle est plus au fond des âmes, et l'hospitalité sans faste de cet amine, dont la femme écrase des olives à deux pas de moi et qui n'a que des mules dans son écurie, me touche par son côté affable. Le couscoussou brun qu'il m'offre n'est guère appétissant : j'y trempe cependant la cuiller de bois, en regardant avec sympathie s'étager au dehors les constructions de la petite république.

En face de moi, au cœur même de la place, la Maison des Hôtes, avec son fronton monumental, tient ses portes grandes ouvertes à celui qui n'a pas d'asile. Chacun est libre d'y entrer à toute heure, de s'y reposer et, quand vient la nuit, d'y dormir en paix. Non loin de là, une plate-forme, élevée d'un pied au-dessus du sol et entourée d'une rangée de pierres, indique le lieu réservé aux réunions du conseil : c'est là qu'il délibère en plein air, devant tous. La place, chauffée au soleil de midi, est à peu près déserte. Il ne s'y trouve en ce moment qu'un rassemblement en train de se former autour d'un artisan qui taille une charrue dans une branche d'arbre, à coups de hachette. Une jeune fille, à l'angle d'un mur blanc, achève de modeler un vase avec de l'argile. Le vase prend forme sous ses doigts, accuse peu à peu des courbes harmonieuses, et l'amphore créée, gracieuse et svelte, va sécher au pied du mur en attendant les peintures et la cuisson.

Les femmes de Taourirt excellent à ce genre de travail, dont la tradition semble remonter à l'occupation romaine. Leurs maisons, presque toutes, sont des ateliers de céramique. J'entre dans l'une d'elles, après avoir pris congé de l'amine. Deux marches à descendre, et je me trouve brusquement plongé dans une obscurité profonde, les pieds sur un sol inégal, ébloui par la réverbération du mur d'en face. L'unique porte ouverte laisse à peine entrer la lumière dans l'intérieur. Je commence cependant à démêler quelques formes. Des silhouettes indécises bougent le long de murs enfumés, sous des poutres luisantes de suie. Les détails sortent du demi-jour, s'animent graduellement avec la magie des Rembrandt. Même mystère des ombres, mêmes ors dans les reflets. Le jour frise les épaules d'une travailleuse assise par terre, auprès de la porte, le torse légèrement renversé en arrière. Elle tient l'anse d'une cruche posée droite sur sa cuisse, tandis que son pinceau, courant avec habileté sur les fonds d'ocre jaune ou d'ocre rouge, trace à main levée des lignes noires, ou parsème de points ronds les dessins triangulaires qu'elle improvise.

Son mari, parti dès l'aube avec les filles aînées pour vendre la production de la semaine, n'est pas encore revenu du marché. Elle reste avec l'aïeule en cheveux gris, qui frotte, à l'aide d'un silex arrondi, quelque potiche crue pour en aplanir les rugosités, et avec un nourrisson dormant dans les plis de son haïk. L'enfant ne laisse à l'air que sa petite bouche ouverte. Si peu qu'on en voie, il n'est pas douteux qu'il soit un garçon : la plaque en argent ouvragé de turquoises que la mère porte au front apprend à tous qu'elle a mis au monde un futur défenseur de la patrie.

En peignant son vase, elle fredonne un air mélancolique dans le goût des berceuses bretonnes. La vieille, cessant le travail, s'est levée, et, courbée sur un creux du terrain où trois cailloux noircis font office de chenets, elle allume le feu du souper. Installant ensuite un chaudron plein d'eau, elle y plonge, à mesure qu'elle les coupe, des morceaux de courge et de piments, puis elle regagne sa place, perdue sous la fumée qui lèche les murs, s'amasse sous le toit et cherche la porte, n'ayant d'autre issue pour s'échapper.

Pas un lit, pas un escabeau dans le pauvre réduit. Tous ces gens couchent par terre sur de mauvaises couvertures et respirent jour et nuit les fumiers de l'étable en contre-bas où piétinent les bestiaux. Ceux-ci, séparés du logis par un cloisonnage en pierre, ont la faculté d'avancer familièrement leur tête à travers des soupiraux ménagés au ras du sol : ils se rappellent ainsi d'eux-mêmes aux soins des ménagères, qui passent les aliments dans leur mangeoire par ces ouvertures.

A défaut de meubles, de froids divans en maçonnerie faisant corps avec la muraille sont occupés par les potiches, les unes entièrement peinturées, d'autres couvertes d'un premier enduit; et de grandes jarres à ventre énorme montent au plafond, greniers aux provisions de farine, d'olives, de figues sèches, qui ne sont pas pleins tous les jours.

Les plus pauvres de nos paysans peuvent passer pour riches en comparaison de ces Kabyles. Mais la djemmâ prend soin des malheureux. Elle recueille des cotisations, des vivres, qu'elle leur partage de temps en temps. Je me heurte, chemin faisant, contre un bœuf égorgé. Deux hommes en découpent la chair et la distribuent à toute la marmaille du pays, filles et garçons de tous âges : touchante façon d'assister la mère par les mains de l'enfant. Il est difficile d'imaginer assemblage plus varié de haillons, jouant là toutes les gammes de la saleté pittoresque. Chacun attend une portion de viande fraîche, mais c'est à qui devancera son tour pour l'obtenir. Et les petits pieds nus se pressent dans un ruisseau de sang, tout autour de l'animal dont ils culbutent la tête détachée du corps et les entrailles encore tièdes, qui encombrent l'étroit sentier. Malgré le côté barbare de cette boucherie, comment ne pas s'égayer de l'imperturbable sérieux des marmots à peine sevrés, lorsqu'ils retournent chez les mamans en tenant devant eux, avec une extrême précaution, quelque bribe sanglante enfilée au bout d'un bâton !

Le lieu où se passe cette scène curieuse domine un massif de rochers sauvages à demi couverts par de sombres bouquets de verdure et dont les blocs s'échelonnent jusqu'au fond d'un ravin où noyers, frênes, figuiers, amandiers, oliviers, enlacés de vignes grimpantes, mêlent délicieusement leurs ombrages. Le bruit d'une source ne tarde pas à charmer l'oreille. Je m'enfonce dans ce paisible endroit, mais quel n'est pas mon étonnement quand, au lieu de la solitude que je croyais y rencontrer, je me trouve en face d'un spectacle fort animé qui m'arrête brusquement ! Avancerai-je davantage ? La loi du pays me le défend presque. Une amende frappe le Kabyle qui paraît au lavoir des femmes. Mais je suis étranger, et l'attrait du tableau qui s'offre à mes yeux est irrésistible. Quelle meilleure occasion, d'ailleurs, puis-je avoir d'observer les femmes de Taourirt ? Elles sont là en nombre, gaiement éparpillées dans un flot de lumière blonde, à travers les bassins destinés au lavage des olives qui, sorties du moulin, contiennent encore de l'huile qu'il ne faut pas laisser perdre.

Les bassins, établis en amphithéâtre sur une pente rapide, ne sont que des trous peu profonds, de la dimension d'une baignoire et creusés dans le roc. On les prendrait de loin pour des tombes avec leur entourage de pierres plates, biscornues et placées debout. La source les alimente par ses nombreux ruisseaux, séparés ainsi que les tresses d'une longue chevelure bleue roulant des perles. Ils ondulent d'une cuvette dans l'autre, au moyen de rigoles que les travailleuses maçonnent elles-mêmes avec les mains quand elles veulent détourner le cours de l'eau après en avoir empli le bassin. Elles y ont d'abord jeté les olives, puis elles les foulent de leur talon nu, parfois deux ensemble, troussées jusqu'aux cuisses, mouillées jusqu'aux jarrets, pataugeant à plaisir dans le liquide écumeux qui les éclabousse de toutes parts. Tantôt elles remuent violemment le fond du bassin avec leur bâton, tantôt elles en retirent les baies écrasées. Par l'effet de sa légèreté, l'huile surnage bientôt. Elle flotte rougeâtre à la surface. C'est le moment de l'extraire. Avec un geste plein de grâce, la femme kabyle incline alors l'orifice de sa cruche sur une rigole disposée de manière à ne laisser couler que la liqueur onctueuse, ou bien encore, assemblant les mains en forme de coupe, elle la recueille et la transvase tout simplement.

Les rebords en pierres que l'huile, à la longue, a rendus tout noirs, forment par endroits un fond d'ébène sur lequel s'avivent le foulard soyeux des coiffures et les ceintures rouges. Et de temps en temps les rires féminins mêlent leur note claire au bruissement des eaux qui sortent troubles de ce lavoir étrange pour retomber en nappe sur une longue roche, coupée comme un mur, lisse comme un marbre et tachée de bavures graisseuses.

Il y a là, à côté de femmes vieilles ou flétries de bonne heure, des créatures robustes et grandes qui soutiennent la réputation de beauté des montagnardes kabyles. Celles-ci, surprises dans le négligé d'un travail assez malpropre, blesseraient peut-être un goût délicat, mais l'observateur ne peut s'empêcher de noter en elles des formes superbes, de jolis visages, de fraîches carnations, et des pieds que l'art grec n'eût pas répudiés.

Les travailleuses, leur tâche faite, glissent lestes et enjouées entre les pierres, escaladent les roches et se rassemblent pour le départ. La cruche pleine sur l'épaule, elles regrimpent, les unes après les autres, le sentier qui monte au village. Quand s'éloignent les attardées, le soleil met une frange d'or à leurs tuniques. Un brouillard froid s'élève du vallon. Seul auprès du lavoir silencieux, je regarde baisser le jour sur les maisons de Taourirt, assombries dans les rougeurs du soir. L'atmosphère embrumée qui estompe les silhouettes, les tons de l'automne qui jaunit déjà les vergers, contribuent à donner au village kabyle une physionomie presque française. Songeant à ces montagnards dont les institutions sont établies sur nos principes d'égalité, à ces agriculteurs laborieux, économes, attachés au sol, aimant le foyer, qui ont su vaincre les difficultés d'un pays ingrat, il me semble alors que ces anciens Berbères, après tant de siècles d'oppression, seraient peut-être dignes d'être aujourd'hui nos frères.

UN CAÏD A PARIS

(1867)

UN CAÏD A PARIS
(1867)

I

Neuf heures du matin venaient de sonner au cadran de Saint-Vincent de Paul. J'assistais, de ma fenêtre, au lent réveil du dimanche. Un brouillard, qui s'était levé sur Paris, résistait encore aux ardeurs du soleil d'août, tandis qu'au-dessus des hautes maisons le bleu du ciel trouait çà et là la couche de vapeurs. La journée s'annonçait belle.

Après la semaine de travail, derrière les persiennes closes, les ménages laborieux prolongeaient la grasse matinée avant d'aller courir les bois ou les cabarets de quelque banlieue. Déjà, de loin en loin, le long des boutiques fermées, circulaient les promeneurs.

Tout à coup j'aperçus deux Arabes dont le costume tranchait dans l'harmonie grise de la rue.

Ils marchaient gravement, sans souci des badauds qui considéraient d'un regard curieux leur accoutrement.

L'un, haut de six pieds, vêtu de l'uniforme rouge des spahis, portait les bagages : une énorme cruche en terre et un sac de nuit. L'autre, trapu, mais bien pris dans sa taille, gardait un gigantesque chapeau de paille d'alfa suspendu à son dos. Habillé de laine blanche de la tête aux pieds, il faisait, à côté de son compagnon, l'effet d'un lis près d'une pivoine. Tous deux allaient d'un pas incertain, ainsi que des étrangers en quête d'un hôtel. Je les vis s'enfoncer sous une porte cochère, puis en ressortir suivis d'un concierge dont le geste indiquait une maison. Ils arrivèrent à ma porte, qu'ils examinèrent longuement avant de se décider à pénétrer dans le vestibule. Bientôt un coup de sonnette tintait à mon oreille, puis ma bonne, la vieille Annette, un pli cacheté dans la main, venait me dire d'un air effaré :

« Monsieur, un grand Arabe en manteau rouge attend la réponse. »

J'ouvris le message et je lus :

« Mon ami,

« Le jeune caïd Si-Lakdar-ben-Saoui, chef des Beni-Ouassine, se rend à Paris, en compagnie du maréchal des logis Mahi-Eddin, qui lui sert d'interprète, et dont tu dois te souvenir si tu n'as pas oublié ton camarade d'expédition, lorsque tu partageais la vie militaire de mon escadron.

« Ce Sidi-Lakdar, pur sauvage qui, je dois le dire,

n'a guère dépassé les rives de la Tafna, acceptera avec empressement l'hospitalité que tu pourras lui offrir. En revanche il te fera les honneurs de sa tribu au milieu de la grande vie arabe, si le cœur t'en dit.

« Ne te crois pas, en l'accueillant, obligé le moins du monde à servir ses projets, que je puis d'ailleurs te résumer en deux mots :

« Il rêve d'attacher à son burnous de caïd les insignes de la Légion d'honneur; mais comme il n'y a aucune raison de lui donner cette distinction, ce grand enfant s'est, je crois, mis en tête qu'en allant à Paris il réussirait à l'obtenir par quelque intrigue de sa façon. Je n'ai pas, tu le penses bien, conseillé ce voyage. Tu connais l'entêtement de l'Arabe quand l'amour-propre le fait agir. Il te remettra donc cette lettre, que j'achève en te répétant que nous t'attendons avec impatience.

« De S...,

« Commandant supérieur. »

II

Après tout, pensai-je, pourquoi ne pas me donner le plaisir d'offrir le pain et le sel à cet Africain?

Le spahi, dans l'antichambre, attendait debout. Nous échangeons une poignée de main en souvenir du temps passé dans les camps :

« Eh bien, mon brave Mahi-Eddin, où est le caïd?

— J'ai laissé le caïd en bas. Ne devais-je pas te demander si tu voulais le recevoir?

— Les Arabes m'ont toujours bien accueilli, répliquai-je, et je ne laisserai pas échapper l'occasion de le reconnaître. Cours donc chercher « cet invité de Dieu ». Il sera le bienvenu. »

Me rappelant aussitôt le cérémonial observé par les Arabes lorsqu'ils nous hébergent, je sens trop combien, en comparaison, l'accueil modeste d'un étudiant peut paraître mesquin. Comment parer à l'imprévu de la situation? Recevoir sur le palier de mon quatrième un personnage qui chez lui franchirait la limite de son douar pour venir à moi, serait lui témoigner peu de considération. Je ne puis, en vérité, me dispenser d'aller en personne à sa rencontre, pour l'accompagner dans l'ascension de mes quatre-vingts marches. Je descends donc. Mais déjà un bruit de babouches s'entend dans l'escalier, et je me trouve face à face avec mon hôte, chacun de nous ayant fait la moitié du chemin.

Le caïd s'incline, saisit ma main, la porte à ses lèvres. Je réponds à ces politesses par des compliments de circonstance, puis, la porte du vestibule refermée sur ces étranges visiteurs, je les installe sur le divan d'un petit salon tendu d'étoffes arabes.

La pièce, meublée avec des souvenirs rapportés d'Algérie, ne pouvait mieux se prêter aux convenances de l'étranger qui venait l'habiter. Tout de suite à l'aise au milieu de cette réunion des produits de son pays, mon nomade sourit à ceux qui lui sont familiers. Il passe en revue les sabres, les fusils accrochés aux murs et dont les pièces d'argent niellé brillent parmi les tapisseries du Sahara, les dépouilles d'autruche, les peaux de panthères, les lézards empaillés, les étagères en bois peint, les coffrets incrustés de nacre, et les symboliques images dont les barbiers maures ornent leurs boutiques.

Incapable d'articuler un mot de français, le caïd exprime son contentement, tantôt par un hochement de tête, tantôt en répétant ce mot unique :

« *Meleh ! meleh !* » terme d'approbation qui répond à tout.

Alors je dis à mon hôte :

« Je te réserve cette chambre. Dès le matin le soleil l'égaye, ses fenêtres regardent la Mecque, et son balcon permet de suivre le mouvement de la rue. Mais peut-être le fracas des voitures sur le pavé fera-t-il regretter au chef des Beni-Ouassine le silence de ses campements ?

— Depuis que je suis en route, répond-il par politesse, mon oreille s'est accoutumée à tous les bruits. Je dormirai ici avec la confiance et la paix. Que Dieu t'accorde les grâces réservées aux généreux ! »

Celui qui, en ce moment, entrerait chez moi, se croirait en réalité dans l'intimité de quelque intérieur arabe.

Adossés aux coussins du divan, les jambes croisées devant une table décorée de plusieurs étoiles entrelacées dans un cercle, Si-Lakdar et son compagnon dégustent par petites gorgées le café qu'Annette vient de servir sur un plateau en cuivre, de ciselure marocaine.

Un jour discret, imprégné de soleil, tamisé au travers des rideaux de mousseline, répand un doux éclat sur les visages bruns, et dore légèrement le vêtement du chef de tribu, dont la robe de drap orange, soutachée de ganse rose, aux larges manches doublées en soie bleu de ciel, transparaît sous la finesse du voile blanc qui contourne le visage, enveloppe les épaules, fait le tour de la taille, et retombe sur des bottes en maroquin mou, à broderies d'argent. L'heureux arrangement des cordes en laine de chameau, formant diadème au-dessus du front, donne à Si-Lakdar une apparence de majesté que soutient son attitude, équilibrée dans une posture de pagode accroupie, avec les yeux fixes et les deux mains immobilisées sur les cuisses.

L'examen de ses traits affaiblit un peu l'impression de beauté ressentie à première vue. Le port de la tête est irréprochable, mais la courbe du nez trop prononcée, les pommettes trop charnues, enlèvent de sa finesse à ce type d'Arabe dont le regard, perdu sous des sourcils épais, offre un mélange de douceur et de sauvagerie.

Je n'ose croire encore qu'un front bas, fuyant, sillonné, malgré la jeunesse, de plusieurs rides transversales, soit chez lui l'indice d'une intelligence bornée, et pourtant je suis bien obligé de reconnaître que l'extension de la bouche, l'épaisseur des lèvres, trahissent des penchants plus sensuels qu'énergiques, et même qu'une pointe de cruauté perce dans le sourire un peu bestial qui, de temps en temps, découvre ses dents. Toutefois l'expression qui domine en cette physionomie reflète un état de trouble, d'étonnement et de fatigue, naturellement amené par les secousses du voyage en diligence, en paquebot, en train rapide, toutes choses vertigineuses pour un homme n'ayant jusqu'alors connu d'autre vitesse que celle de son cheval, ni d'autres agitations que les ordinaires événements qui rompent parfois l'uniformité de l'existence patriarcale.

Comment d'ailleurs un cerveau si peu préparé n'aurait-il pas été ébranlé par le chaos d'images nouvelles qui se déroulaient coup sur coup, à mesure que s'éloignait la terre natale?

Réfléchissant à ce que disait la lettre du commandant de S... :

— Est-il possible, pensai-je, qu'un grain de vanité, germé sous ce crâne durci au soleil, ait suffi à déterminer le pauvre caïd à planter là ses champs et sa smala pour courir les hasards d'une telle aventure?

« Tu as donc voulu voir la patrie française? lui dis-je. Cela fait ton éloge. L'Arabe ne doit pas ignorer toujours les mœurs des nations voisines, et surtout celles du peuple auquel le lie désormais sa destinée. Il sied à un chef tel que toi de venir jusque chez nous constater notre puissance, afin de mieux comprendre que la civilisation ne veut que le bien des hommes. »

Le chef arabe, dans un discours dont le maréchal des logis me rend à peu près le sens, répond :

« La vérité sort de ta bouche. Rien n'égale le charme de vos rivières, l'étendue de vos jardins, la fraîcheur de vos prairies. Il n'existe nulle part de fertilité comparable à celle de votre sol, et votre industrie sait en tirer tous les avantages. Mais aussi, que de peines vous prenez pour acquérir ces richesses! Votre esprit n'est jamais en repos. L'Arabe, lui, a de moindres désirs. Son pays n'est qu'une terre ingrate; pauvre et libre, il s'y trouve heureux : Dieu pourvoit à ses besoins. »

Ce dédain des bienfaits dont le travail est la source résume la philosophie du musulman, basée toute sur ce principe : retrancher de la vie ce qui tend à la compliquer. En bonne foi, que peut-on opposer à ce raisonnement? Et n'est-il pas des heures où le bourdonnement de la fourmilière humaine qui se bat les flancs entre les murs de notre grande cité, nous porte à envier le sort de ce croyant dont la vie s'use paresseusement au soleil à attendre une vie meilleure?

J'avise sur une étagère, au-dessus d'un divan, des pipes à long tuyau qui, depuis des années, distraites de leur usage, restaient là suspendues. L'idée me vient d'en offrir une au caïd. Il la repousse par un léger mouvement de la main.

« Le caïd ne fume pas, se hâte de dire l'interprète. Si-Lakdar-ben-Saoui est marabout. »

Marabout! diable! On sait ce qu'il faut entendre par ce mot, et je me garderais bien de blesser les préjugés qu'il consacre. Marabout, point de badinage! Ce titre commande le respect. Bien qu'on l'applique souvent à de simples dévots, il désigne plus ordinairement les chefs d'ordres religieux ou leurs descendants, si nombreux parfois, qu'en tel village du Sahara, par exemple, l'hérédité en est arrivée à l'étendre à toute la population. On n'y rencontre alors que marabouts ou maraboutes.

La conséquence, inévitable pour moi, de la sainteté de mon hôte, est que non seulement Si-Lakdar s'abstiendra de tabac, ce que ne prescrit d'ailleurs point le Coran, mais encore que je ne saurais lui faire l'injure de lui servir à manger la viande de nos boucheries, non plus que celle des volailles qui n'auraient pas été saignées selon le rite, ni, à plus forte raison, la chair du porc, ainsi que tout mets accommodé avec la graisse de cet animal impur.

Devinant dans quel embarras allait me jeter le soin de pourvoir à la nourriture du pieux musulman, Mahi-Eddin vient heureusement à mon secours.

« Tranquillise-toi, dit-il, le caïd est homme à se contenter de ce que tu voudras bien lui donner. Du pain, des œufs, du lait, quelques fruits, suffiront. Il a d'ailleurs refusé tout autre aliment depuis que nous avons quitté la rade d'Oran. Avec cela, comme tous les nôtres, il ne boit que de l'eau pure. Il craignait même si fort d'en manquer pendant la route, qu'il n'a jamais voulu se séparer de cette cruche. »

Le spahi indiquait du doigt l'amphore de grès poreux déposée dans un coin de la chambre, et dont l'eau filtrait jusqu'à mouiller le parquet.

« Tu peux encore, ajoute l'interprète, lui procurer des poulets vivants. Il leur coupera le cou à la manière des Arabes, puis ta cuisinière se chargera du reste.

— Mais toi-même, dis-je à Mahi-Eddin, comptes-tu suivre l'exemple du caïd?

— Oh! moi, c'est différent. J'ai appris à vivre avec les Français. Ne suis-je pas leur frère? »

Le marabout, assuré que chez moi aucune obligation contraire à sa religion ne lui sera imposée, paraît touché de reconnaissance.

Tirant alors d'un porte-monnaie de cuir une petite clef, il la passe à son serviteur. Le spahi ouvre le sac de nuit du chef, en sort une pièce d'étoffe neuve en soie lamée de Tunis, qu'il prend dans ses deux mains, puis, droit et grave comme s'il eût porté quelque relique, il se dirige vers moi :

« Le caïd t'offre ce présent », prononce-t-il avec une emphase comique.

L'étoffe, une de ces sorties de bal alors à la mode et qui eût fait la joie d'une Parisienne, miroite sous un reflet de soleil, tandis qu'une odeur de benjoin se répand dans l'appartement.

Je cherche une phrase convenable pour refuser, mais le spahi insiste :

« Prends, prends donc. Tu le sais, cela se passe ainsi chez nous. N'afflige pas le cœur de l'Arabe. »

Toute réplique devient superflue. Je loue la finesse

et le travail du tissu parfumé ; puis ayant fait jeter un matelas sur le divan, et ajouter au mobilier un savon de toilette, je laisse mes voyageurs avec tout le confort désirable pour des gens habitués à coucher par terre sans même se déshabiller.

III

« Mes convives, dis-je à Annette qui n'en revient pas d'étonnement, ont pour habitude de ne manger d'aucune viande tuée par des chrétiens. Il faut à tout prix trouver sur l'heure au moins deux poules vivantes. Une pour chacun d'eux ne sera pas trop. Ces gens, sobres par nécessité, font preuve à l'occasion d'un appétit prodigieux. Dans leurs festins, les poulets servis en brochette, les moutons rôtis entiers, sont dévorés en un clin d'œil. A l'œuvre donc. Les légumes, les fruits, ne manquent pas en cette saison. En y ajoutant des œufs, une crème, quelques pâtisseries, il faut espérer que nous parviendrons bien à régaler ces deux Bédouins. »

Par la porte entre-bâillée de leur chambre, j'entends déjà un ronflement. Le spahi s'est endormi pendant que le marabout, dans l'attitude et le recueillement de la prière, se prosterne vers l'angle du mur faisant face au levant. Tantôt il incline son front jusqu'à terre, tantôt s'assied sur les talons, gardant les mains à égale distance de la poitrine. Puis il se lève, puis il se prosterne encore, murmurant entre les dents des lambeaux de prière, avec une variété d'intonations réglées autant par l'habitude que par la ferveur. Il s'approche ensuite d'un bassin plein d'eau, y plonge ses mains, les bras jusqu'aux coudes, se lave le visage, le crâne, les jambes jusqu'aux genoux. Les ablutions terminées, Si-Lakdar, rendu aux réalités de ce monde, m'aperçoit enfin. Il m'est alors possible de l'entraîner vers la cuisine, où gloussent déjà les victimes vouées au sacrifice.

Ma cuisinière les lui abandonne. L'une après l'autre, il les saisit et leur tranche délicatement l'artère carotide avec la pointe de son couteau. Quelques cris étouffés dans le jet de sang qui rougit le carrelage, un dernier battement d'ailes aux pieds d'Annette ébahie, ont vite clos ce petit massacre, après quoi le caïd essuie sa lame au duvet d'une des poules avant de la remettre dans la gaine pendue à son côté. On ne peut faire avec plus d'aisance et de dextérité. Pas une gouttelette de sang n'a taché ses mains ni rejailli sur son burnous. L'art de tuer, de dépecer les animaux servant à la nourriture de l'homme, ne fait-il pas partie des connaissances pratiques que tout nomade acquiert au cours d'une vie aventureuse? Mon hôte n'eût certainement éprouvé aucun embarras s'il se fût agi d'égorger un mouton, ou même un bœuf.

Notre façon de vivre ouvertement paraît souvent étrange aux yeux de l'Arabe, qui cache sa vie privée avec plus d'égoïsme encore que de prudence. Comment un homme qui ne permet pas à son hôte de dépasser la salle des réceptions ou le compartiment de la tente qui en tient lieu s'expliquerait-il la confiance avec laquelle nous mettons nos amis dans le secret de notre foyer ? Aussi n'est-ce qu'avec un mouvement d'hésitation que Si-Lakdar pénètre dans mon appartement de garçon lorsque, lui en ouvrant les portes, je l'invite à me faire l'honneur de considérer ma maison comme la sienne propre.

Introduit dans une vaste salle éclairée par un jour tombant d'un châssis vitré, il arrête longuement son regard novice sur quelques peintures accrochées aux murs ou placées sur des chevalets, et dont la plupart représentent des scènes familières de la vie arabe. Le caïd n'y démêle tout d'abord que des taches confuses, mais à mesure qu'il reconnaît un des objets peints sur la toile, sa figure s'anime, il le montre du doigt, le nomme de son nom arabe avec l'expression ingénue d'un enfant en extase devant une image. Au reste, la vue de choses superflues ne le tient qu'un moment attentif. Si-Lakdar reprend une attitude rêveuse, puis il parle à voix basse dans l'oreille du spahi qui soudain, visiblement impatienté, ne peut retenir ces mots :

« Je crois, ma parole, que le pauvre homme est fou ! »

Devant une exclamation si inattendue, je demande à Mahi-Eddin ce qu'il entend dire et je l'engage à s'expliquer.

« Un mulet, répond-il, n'a pas d'entêtement pareil à celui de cet intrigant, qui me rabâche la même question du matin au soir. Tiens, je n'ose t'avouer quelle sotte idée lui ronge la cervelle. Sais-tu ce qu'il attend de toi? Oh! tout bonnement que tu daignes demander la croix pour lui au sultan des Français !

— Mais je n'ai pas ce pouvoir.

— C'est ce que je me tue à lui faire comprendre. Parce que l'empereur a décoré plusieurs chefs indigènes en mission à Paris et qui avaient bien servi la France, ce jeune ambitieux ne se figure-t-il pas obtenir la même faveur? Voyez un peu quels sont les états de service de ce « mercanti »! Son berger en ferait valoir d'aussi bons. Certes, Si-Lakdar serait sage d'aller surveiller lui-même ses troupeaux, plutôt que de se morfondre inutilement ici. »

Le caïd, qui, anxieux, semble attendre un conseil de moi, ne soupçonne guère avec quelle liberté de langage son interprète traite ses espérances, quitte à flatter dans le même temps son chef avec autant de ruse que d'effronterie, se gardant bien de lui rendre de ma pensée ce qui pourrait ne pas lui plaire.

J'explique, non sans peine, à ce chef plein d'illusions que, pour toute promotion dans l'Ordre, une proposition est nécessaire, qu'elle doit être approuvée ensuite par le gouverneur de l'Algérie, puis revêtue en dernier ressort de la signature impériale; que cependant Sa Majesté peut toujours faire exception à l'usage : mais était-ce vraiment le cas? Sans doute rien ne s'oppose à ce que Si-Lakdar écrive aux Tuileries, bien qu'il soit peu probable que notre souverain consente à donner audience à un petit chef de tribu qui ne lui est pas même recommandé. Que ne s'adresse-t-il au ministre de la guerre? Après tout, ce voyage en France peut être considéré comme une preuve de dévouement. Qui sait si un ministre qui a guerroyé en Algérie ne s'intéressera pas à ce caïd?

M'adressant alors à l'interprète :
« S'il veut en courir la chance, je suis tout disposé, quel que soit d'ailleurs son désir, à servir au besoin de *krodja* (secrétaire) pour la requête. »

Mon hôte, satisfait par ces paroles, s'empare de ma main et la presse sous ses lèvres à plusieurs reprises, lorsque paraît Annette, annonçant le déjeuner.

Je place en face de moi Si-Lakdar. L'ordonnance

occupe un bout de la table, où ne figure d'autre boisson que l'eau de la Dhuys, le vin étant banni de ce repas de premier accueil, égard auquel un marabout est toujours sensible.

On sait qu'entre musulmans la bienséance fait presque une obligation à l'invité de manger avec un appétit manifeste. « Rassasier son ventre », suivant l'expression consacrée, est une façon d'être agréable à son hôte. Mes convives en usent ainsi avec moi. Le caïd surtout fait honneur aux plats qu'Annette lui passe. A peine a-t-il mangé jusqu'à satiété d'un ragoût assaisonné en manière de *tadjinn* avec des tomates et force piments, que je vois avec terreur un melon énorme, puis un vaste saladier de fruits, s'engloutir presque en totalité dans son gosier, ce qui ne l'empêche pas après de s'empiffrer de tarte et de crème si copieusement, que j'en conçois quelque inquiétude pour sa digestion.

« Bah ! laisse-le faire, dit l'indifférent interprète, Si-Lakdar a bon ventre. Il est connu dans son pays pour manger à lui seul un mouton entier. »

En dépit de ces étonnantes facultés, notre homme est bientôt pris d'un malaise qu'il s'efforce en vain de dissimuler. Le voyant pâlir, je l'engage à rester couché, tandis qu'Annette l'abreuve de thé jusqu'à ce qu'il s'endorme.

Après une nuit de repos, drapé dans un costume

d'une propreté irréprochable, le malade m'aborde avec un visage frais, dont le sourire est cependant mélangé de quelque tristesse.

« Comment es-tu ? » lui dis-je. A quoi il répond :

« *Al-hamdou-l'Allah ! Ram-ek-Allah !* (Je rends grâces à Dieu. Dieu soit avec toi !) »

IV

Par quelle distraction pourrais-je bien combattre la mélancolie de ce sauvage, fourvoyé dans le mouvement de notre métropole, comme le serait un hanneton au milieu d'un bal?

Ici point d'équipages de fauconniers, point de gazelles à forcer en plaine.

L'exposition du Champ de Mars, qui met en émoi le monde entier, fera, je crois, impression sur une intelligence aussi neuve qu'on peut supposer l'être celle du jeune caïd. Tout au moins l'essai sera curieux.

Guidés par moi dans le tourbillon de cette ville cosmopolite élevée sur l'emplacement où nos ancêtres ont fêté la Fédération, mes Arabes foulent le champ des manœuvres militaires, couvert de palais, de jardins improvisés, de cafés-concerts, de restaurants, de brasseries, installés çà et là autour des bâtiments où sont exposées, avec les inventions des hommes, les œuvres de l'art et de l'industrie.

C'est d'abord, en entrant, un assemblage de machines dont le mécanisme en rotation assourdit l'oreille, de phares s'élevant jusqu'au vitrage de la voûte, d'orgues colossales dont les trompettes tonnent avec furie, de locomotives géantes, de canons formidables.

Le caïd avance d'un pas craintif parmi les rouages de fonte qui grincent sur son passage, forcé à tout moment d'éviter les courroies motrices fonctionnant au-dessus de sa tête, ou les jets de vapeur que lâchent en sifflant à ses côtés les soupapes des chaudières. L'excès de ce tapage l'énerve, le trouble, l'inquiète. Il détourne la vue de ces monstres d'airain se mouvant ainsi que des êtres doués de vie. Soudain, pris de je ne sais quel vertige qui donne à ses gestes une excitation fébrile et imprime aux muscles de sa face d'étranges contractions, Si-Lakdar s'arrête affolé. J'ai beau l'assurer que tout cela n'offre aucun danger, ainsi qu'en témoigne la quiétude des visiteurs circulant d'un pas tranquille, le chef des Beni-Ouassine ne m'entend plus, et comme s'il fuyait l'obsession de quelque vision infernale, il se hâte vers la porte d'entrée. L'air des jardins lui fait heureusement retrouver le sens. Alors un soupir de soulagement gonfle sa poitrine, tandis qu'un sourire contraint entr'ouvre niaisement sa bouche.

« Serait-il malade, ou bien la vue de ces machines l'aurait-elle effrayé réellement? » dis-je à l'oreille de

Mahi-Eddin. Celui-ci, ne pouvant dissimuler davantage son mépris pour un chef capable de s'oublier à ce point, me répond sans plus de détails, en haussant les épaules :

« Ne te tourmente pas, je t'en prie, pour ce sauvage. Il ne connaît rien. C'est un imbécile. »

En vain je tente à plusieurs reprises de ramener par quelque autre porte Si-Lakdar dans les galeries, il s'obstine à ne plus quitter les jardins, et nous nous mêlons à la foule qui stationne autour des aquariums, des rivières factices, ou qui se presse devant les imitations de palais d'Orient, de kiosques chinois, de pagodes indiennes, pêle-mêle avec des temples catholiques.

Certaine habitation de bambous arrête l'attention du caïd. Là vit une famille japonaise. Des femmes aux formes infantiles, souples comme des chattes, les cheveux relevés par des épingles d'or, passent leurs journées à boire du thé, à aspirer de l'opium dans de petites pipes, ou à se parfumer avec une poudre blanche. Au regard dont le caïd enveloppe ces créatures asiatiques, on devine que s'il avait eu, comme au bazar turc, la possibilité d'échanger l'une d'elles contre ses deniers, il se serait volontiers passé la fantaisie de la donner comme rivale à ses autres épouses.

Ainsi, parmi tant de choses réunies pour l'agrément des yeux, parmi toutes ces ingénieuses productions de l'esprit humain, que viennent admirer nos paysans, poussés du fond de leurs campagnes par le désir de s'instruire, ce paysan d'Afrique passe sans rien remarquer, hors les artisans du Caire au bazar égyptien, ou le palais du bey de Tunis, dont le luxe oriental charme un moment ses yeux.

Cependant les sons d'un orchestre barbare qui, près de là, décèle un café maure, l'attirent et lui font presser le pas.

Le caïd, pour mieux écouter les airs du pays natal, nous prie d'y entrer avec lui. Nous nous asseyons tout près des musiciens, devant une table sur laquelle un cafetier coiffé d'un fez vient déposer trois tasses de moka blond et trouble.

Les Africains de toute couleur et de toute origine, les turcos en permission qui se donnent rendez-vous en cet endroit, ont dévisagé Si-Lakdar. Déjà ils l'entourent d'attentions. Lui, tranchant du grand seigneur sous une pluie de salamalecs, se pâme d'aise au milieu de cette petite cour d'hommes de sa race, à qui il parle en maître, et qui baisent le pan de son burnous chaque fois qu'il les régale de quelque tournée de café.

Les chants nasillards de ses compatriotes, répétés ainsi qu'un écho par un accompagnement de guitares, de flûtes en roseau et de tambourins, pénètrent l'âme de Si-Lakdar et le bercent doucement. Ce n'est plus le même homme. Sa figure austère se transforme, s'épanouit. On dirait qu'il perçoit le hennissement des chevaux autour de sa tente, que le pas léger de ses femmes préparant le souper arrive jusqu'à ses oreilles, et que ses narines ouvertes respirent les brises qui, loin des villes, parfument les plaines silencieuses.

V

Autour de ma table sont assis quelques amis et leurs femmes. Celles-ci, dont la curiosité est tenue en éveil par la présence de mes Arabes, hasardent quelques questions, provoquées naturellement par l'envie de connaître les détails intimes de l'existence des femmes arabes. Nos Parisiennes demandent, par exemple, au jeune chef, qui possède trois ou quatre femmes légitimes, comment ces rivales peuvent vivre en bonne intelligence, et si elles ne ressentent point de jalousie les unes envers les autres.

L'ingénuité de questions considérées en pays arabe comme injurieuses pour l'homme à qui elles sont adressées amène un sourire sur les lèvres du caïd. Il hésite un moment à répondre, puis dit avec simplicité :

« S'il arrive à nos femmes de se quereller, le bâton n'est-il pas là ? »

Tout en parlant, son poing décrit dans le vide une parabole expressive, comme pour mieux indiquer qu'il n'est d'autre argument dont puisse tenir compte un sexe inférieur. Puis continuant :

« Un mari qui veut la paix chez lui ne recherche pas en pareil cas qui de ses femmes a tort ou raison. Il oublierait les leçons de l'expérience s'il ne les corrigeait toutes également avec impartialité, mais en se gardant toutefois de montrer trop de rigueur, ce qui est bien recommandé par le Prophète. »

L'idée d'un procédé aussi barbare indigne nos dames et leur inspire des doutes sur la fidélité de femmes ainsi traitées, avec maintes allusions touchant l'honneur du foyer conjugal, le plus cher souci de l'Arabe.

Blessé peut-être secrètement, le chef des Beni-Ouassine nous apprend alors que, du vivant de son aïeul, la sévérité, plus stricte encore qu'aujourd'hui, condamnait toute femme adultère à mourir. Aussitôt la sentence prononcée, les habitants du douar s'assemblaient, et chacun apportait une pierre dont il frappait la coupable. S'il arrivait que celle-ci fût en état de grossesse, on ajournait l'exécution jusqu'à l'accouchement. Mais pour les filles ainsi que pour toute femme vivant dans le célibat, la loi réduisait le châtiment : la faute était expiée par cent coups de bâton.

« Vos tribunaux ont changé tout cela, dit le marabout Si-Lakdar. Il faut maintenant ce que vous appelez le flagrant délit pour que l'Arabe ait le droit de se venger. Qu'importe? L'Arabe sait attendre son ennemi. L'outrage, un jour ou l'autre, est lavé dans le sang. »

Au récit de coutumes si dures pour leur sexe, nos Françaises conviennent sans peine qu'il est plus agréable d'être épouse unique, de sortir en liberté et d'habiter les rives de la Seine, que de vivre dans le plus beau des harems, même sans la perspective de cette pluie de pierres, devenue heureusement légendaire.

Tandis que son interprète boit le vin sans scrupule, le caïd ne touche même pas au verre d'eau placé devant lui. Une goutte du breuvage défendu y étant tombée par hasard, le marabout, en bon musulman, s'abstient d'y tremper les lèvres, n'osant pas signaler un accident dont il souffre seul.

Quel contraste offrent ces deux hommes nés sur le même sol, élevés dans les mêmes croyances!

Comme presque tous les Arabes vivant avec nous, ce Mahi-Eddin, ce soldat mécréant, ce joueur effréné que j'avais connu vendant jusqu'aux bijoux de ses femmes pour alimenter sa passion, n'a pris au contact des Français que le pire côté de leurs habitudes, mêlant au jargon qu'il parle des locutions de corps de garde et de cabaret, apprises de sous-officiers ou de colons de toute espèce. Le chef, au contraire, garde le caractère de ses origines bibliques, avec une simplicité de manières qui n'échappe pas à mes convives. En somme, le spahi n'avait développé que ses vices au frottement de Paris pendant l'année où son escadron logeait au quai d'Orsay, et son intelligence, pour s'être polie à la superficie, n'en restait pas moins aussi bornée au fond que celle de son coreligionnaire qu'il jugeait inférieur.

Le fait est que l'entêtement de ce chef dans son dédain pour tout ce qu'il n'a pas vu commence à m'étonner moi-même.

VI

Nos théâtres, recherchés surtout des étrangers en cette saison, regorgent de monde. J'ai retenu une loge pour un ballet très couru que donne l'Opéra. Un spectacle féerique ne peut manquer de remuer enfin quelque fibre chez ce nomade.

Par une belle soirée d'été, nous suivons les boulevards étincelants de lumières.

Ébloui par le rayonnement des milliers de becs de gaz, Si-Lakdar, dans son langage imagé, dit que le firmament a laissé tomber toutes ses étoiles sur la ville.

Rue Le Peletier, un piquet de dragons à cheval garde l'entrée du théâtre. L'empereur est attendu. Nous entrons, le rideau levé sur des jardins, séjour de sylphes et de sylphides. Une température étouffante met en vibration les éventails des femmes en toilette décolletée.

Assis au premier rang d'une loge d'amphithéâtre, en relief sur le velours cramoisi où tranche son costume blanc, le chef arabe, lorgné déjà de spectateurs distraits, suit la pantomime de nos danseuses, baignées de lumière idéale, et dont la plus célèbre, avec son costume diaphane, avec ses ailes de papillon, semble voler à travers l'espace en soulevant les bravos enthousiastes du parterre.

Certes, sous la surprise de ces visions charmantes que l'art du chorégraphe rend presque immatérielles, le marabout peut se croire en présence des houris célestes, dont l'imagination du musulman peuple le paradis.

Immobile, l'œil brillant, la bouche entr'ouverte, il demeure absorbé dans une contemplation muette que j'ai plaisir à voir se prolonger, lorsqu'un mouvement sur les bancs des galeries, une acclamation discrète de la foule, saluent Sa Majesté au moment où elle paraît dans la loge impériale, en compagnie de deux officiers de sa maison.

Oubliant dès lors la danse et les sylphides, le caïd ne détache plus son regard de cette loge, comme si la réalisation de ses espérances était suspendue aux lèvres de ce sultan à longues moustaches, en simple tenue de ville, et que vingt-cinq pas à peine séparent de lui. On dirait qu'il cherche à lire sa destinée au fond du regard clair et vague de ce monarque au faîte de sa puissance.

L'empereur, un instant, pointe ses jumelles sur la loge occupée par les deux Arabes et semble lorgner directement le caïd. Il aurait souri si quelqu'un lui avait alors dépeint l'angoisse extrême qu'éprouvait le malheureux et le sujet qui la faisait naître.

Mais l'attention du souverain se reporte à la scène. Si-Lakdar s'enfonce de plus en plus dans sa mélancolie. Insensible à ce qui le charmait tout à l'heure, il devient indifférent au ballet dont la continuité l'énerve à la longue. Excédé enfin par les bruits de l'orchestre, par la profusion des lumières, mal à l'aise dans un air alourdi par la respiration de trois mille personnes, il désire quitter la salle. Je cède à son caprice et le reconduis au logis, où l'attend un pli du ministère. L'audience est pour le lendemain : voilà qui vient ranimer un peu son espoir.

Un instant après, ainsi que s'endort un enfant tourmenté par l'idée du jouet qu'il veut posséder, le caïd oublie dans le sommeil les vaines fumées de l'ambition, tandis que par la fenêtre de sa chambre, laissée ouverte, le croissant que la lune découpe au-dessus des toits voisins glisse de pâles clartés sur la gandourah de soie qui sert de chemise de nuit à mon hôte.

VII

Le ministre de la guerre, tout en invitant le chef des Beni-Ouassine à l'une de ses réceptions, ne lui a laissé aucun espoir, du moins pour le présent.

Cependant Si-Lakdar persiste, je ne sais pourquoi, à intriguer dans les bureaux; il n'en rapporte chaque fois qu'un désappointement plus marqué. Cette lutte dépasse l'étendue de ses facultés. La fatigue de démarches n'aboutissant qu'à des déboires achève de lasser la sensibilité de ses nerfs, et des signes d'impatience ou d'inquiétude trahissent l'effort qu'il fait sur lui-même pour me cacher son dépit.

S'être ainsi jeté si loin des siens, si en dehors de ses habitudes! Peu à peu la nostalgie s'empare du faible esprit de cet homme. De gros soupirs oppressent sa poitrine. L'indécision de son regard errant à travers les rues excite ma pitié; quand j'essaye de l'intéresser à quelque objet digne de remarque, mon hôte attristé ne m'écoute même plus. Pour toute réponse, il prononce complaisamment l'approbatif « *Meleh !* » rêvant à toute autre chose, à ce déplacement inutile, à cette croix qui lui échappe. Que faire pour secouer la torpeur d'un hôte que rien ne peut distraire, ni les richesses de nos musées, ni les merveilles de nos maisons historiques, ni celles des édifices religieux ? Si par hasard son humeur chagrine daigne se dérider un peu à la vue des chevaux de Franconi, des singes savants, des amazones crevant les cerceaux tendus de papier, ou encore au Jardin des Plantes, aux grandes eaux de Versailles, aux feux d'artifice du 15 août, c'est pour retomber aussitôt après dans une langueur désespérante.

Cette fâcheuse disposition d'esprit s'accentue encore. Le caïd recherche de plus en plus la solitude. Souvent il s'enferme et, le chapelet entre les doigts, passe les heures en méditation. Je ne sais à quel moyen recourir pour le forcer à prendre l'air. Quand j'y réussis, il dirige alors ses pas vers le Champ de Mars et va droit au café tunisien, où il trouve le seul plaisir réel qu'il ait encore goûté dans l'immensité de Paris.

Comprenant enfin que prolonger davantage un éloignement dont il souffre ne le mènerait à rien, il m'annonce sa résolution de regagner la frontière marocaine. Désireux toutefois d'emporter de Paris quelques présents pour ses femmes, il me prie de l'accompagner encore une fois au bazar du Champ de Mars.

Après une inspection rapide des boutiques où les orfèvres égyptiens exécutent divers ornements sous les yeux des visiteurs, Si-Lakdar arrête son choix sur un collier d'or fin, à triple rang de pendeloques constellées de grenats et de turquoises. Il en examine le travail, il en scrute le poids, ne pouvant se résoudre à donner en échange la somme de onze cents francs, dernier prix dont l'artisan, après un long débat, ne veut plus rien rabattre.

La beauté de ce collier, supérieur de tous points aux bijoux grossiers que fabriquent les Juifs d'Algérie, finit par vaincre ses hésitations. Il ouvre sa bourse, compte un à un cinquante-cinq louis que le marchand vérifie à mesure en les faisant sonner sur son comptoir. Puis il enferme sous son gilet le don magnifique destiné à orner le cou d'une jeune Kabyle des Beni-Snouss, sa dernière épouse, dont on avait célébré les noces peu de jours avant son départ.

Après diverses emplettes de moindre importance, au moment de quitter le bazar, une discussion s'engage entre l'interprète et le généreux mari qui, se ravisant tout à coup, retourne sur ses pas.

Craignant que le caïd n'ait été trompé dans le marché, j'interroge Mahi-Eddin.

« Non pas, répond celui-ci, j'ai simplement rappelé au caïd qu'il oubliait une de nos coutumes. Chez nous, le mari qui possède plusieurs femmes ne peut donner à l'une sans donner aux autres. La règle l'oblige de faire à chacune d'elles des cadeaux de valeur égale, et c'est pour acheter deux colliers semblables au premier que le caïd retourne près du marchand. Ce devoir lui coûte.

« Mais beaucoup moins que tu peux le croire, ajoute le spahi, un moment après, en me résumant les pourparlers de l'orfèvre et de son acheteur. Si-Lakdar sait fort bien se tirer d'affaire sans prodiguer ses douros, comme tu vas en juger par tes yeux. »

Effectivement, les nouvelles parures sont en faux métal. Le vendeur affirme qu'après certaines modifications et l'addition de quelques pierres de mince valeur, une femme de tribu n'irait jamais jusqu'à distinguer l'objet imité du véritable. L'ouvrier chargé du travail demande seulement un peu de temps. Bon gré, mal gré, le caïd se résigne à passer vingt-quatre heures de plus dans ce Paris monstrueux qu'il a pris en horreur et qu'il songe à fuir sans nouveau délai.

. . . .

Le lendemain, un vendredi, jour d'heureux présage pour les Arabes, le chef des Beni-Ouassine et son maréchal des logis s'installent dans un wagon du rapide.

Au milieu du vacarme de la gare de Lyon, je reçois l'adieu des deux voyageurs. Un coup de sifflet donne le signal du départ, et le train roule déjà vers les heureux pays du soleil.

VIII

Peu de temps après, je parcourais la province d'Oran, la moins fréquentée du touriste, et pourtant si intéressante par ses mœurs, par ses traditions, que notre voisinage n'a pas encore altérées. Le long séjour que je fis alors à Lalla-Marnia me fournit souvent l'occasion de revoir mon hôte de la rue de Lafayette.

A quelques lieues de la redoute militaire qui surveille la frontière du Maroc, campait la tribu des Beni-Ouassine.

Chevauchant parfois, le fusil sur l'épaule, à travers des steppes giboyeuses, souvent, le long des berges accidentées d'une rivière, je poussais jusqu'au douar où résidait Si-Lakdar, parmi ses labours et ses troupeaux. Aussitôt qu'il m'apercevait, il venait au-devant de moi; des serviteurs nombreux me préparaient la diffa, tandis que sa mère, la seule femme de la maison qu'il me fût permis de voir, m'accueillait avec un bon sourire, ou que son unique rejeton, bambin joufflu vêtu d'un cafetan de velours vert, croquait des dragées dont mes poches étaient toujours pleines.

Le dimanche, à son tour, le caïd me rendait visite à la maison de commandement, avant d'aller au marché où l'appelaient ses fonctions. Là, assisté d'un scribe, au fond d'une case blanchie à la chaux, aux murs salis intérieurement par le frottement des burnous gras, le caïd marabout, concessionnaire de l'important marché, surveillait ses intérêts, percevait les impôts et tranchait maints différends ne ressortissant pas à la juridiction du cadi. Quand son intellect était à bout de ressources, le bâton de ses chaoucks, aidant à ses jugements, éloignait les plaignants. Cet homme justifiait décidément l'opinion que le maréchal des logis avait exprimée sur lui.

Les Arabes n'aimaient pas Si-Lakdar. Ils ne le subissaient qu'en raison du respect témoigné par devoir au descendant d'une famille noble. Ce qu'ils méprisaient en lui, c'était moins encore l'abus qu'il faisait de son pouvoir, que la sottise et la vanité qui gouvernaient ses moindres actions. Comment l'autorité militaire eût-elle songé à distinguer un auxiliaire si peu capable? Joignez à cela qu'il avait la réputation de manquer de bravoure, comble du ridicule chez un peuple où tout le monde est brave.

Soucieux d'augmenter ses biens, même en un temps où la disette désolait la contrée, il restait sourd à l'appel des malheureux qui se pressaient à sa porte. Tous les siens blâmaient son peu de générosité.

Cependant la misère s'aggravait chaque jour, les chemins devenaient peu sûrs, on n'osait plus voyager isolément. Hier on ramassait un Juif assassiné sur la route de Nemours; aujourd'hui une troupe de chameliers, trompant la vigilance du gardien des silos, enlevait les réserves de blé d'une famille marocaine, événement qui se serait confondu avec tant d'autres si, au bruit qu'un chef arabe avait trempé dans ce méfait, l'attention de l'autorité militaire n'eût été tout particulièrement tenue en éveil.

Aussi fus-je attristé autant que surpris quand le commandant de S... vint me dire :

« Ton ami Lakdar s'est mis une vilaine affaire sur les bras. Des témoins ont reconnu, la nuit du vol, quinze de ses chameaux marchant, les *tellis* pleins, dans la direction de son campement. Le pis est qu'un des conducteurs du convoi a fait des aveux.

— Mais alors que va-t-il devenir ?

— Si le caïd consent à rendre aux Marocains leur provision de blé, l'enquête n'ira peut-être pas plus loin. Les indigènes ont sur le vol d'autres idées que nous : tous le pratiquent plus ou moins ; ils ne verront là qu'un excès de pouvoir dont leurs chefs sont coutumiers, et les Marocains s'estimeront heureux si le bien usurpé leur est rendu. On verra ensuite à trouver un successeur au maladroit qui s'est laissé prendre. Je vais d'ailleurs interroger Si-Lakdar.

Dans un moment il sera ici. Parle-lui si tu veux dans ce sens, comme à un ami qu'on veut obligeamment tirer d'un mauvais pas. Devant toi il aura moins de honte, il avouera avec moins de répugnance. »

Hélas! soit méfiance, soit stupide orgueil, le caïd n'opposa à de sages conseils que de véhémentes protestations.

« Mais alors, dis-je, il devient impossible d'empêcher la justice de venir t'arrêter. Songe à quel châtiment tu vas t'exposer, si tu ne peux prouver ton innocence! Rappelle-toi que nos lois sont sévères!

— *En che Allah!* (Dieu fasse sa volonté!) *En che Allah!* » répétait-il avec un accent de vérité qui eût fait jurer pour lui.

. . . .

Deux années plus tard, sur ce même marché de Lalla-Marnia, dans l'équipage le plus humble, avec un burnous rapiécé dont les franges flottaient sur les flancs osseux d'une mule mal nourrie, un Arabe recueillait çà et là le baisement de main des fervents. M'ayant vu, il s'avança vers moi, tandis que j'hésitais à le reconnaître; était-ce là mon ancien hôte? On m'avait conté sa lamentable histoire, son emprisonnement, sa maladie, sa mise en liberté, et la vie de dévotion dans laquelle il s'était réfugié; mais je ne soupçonnais pas l'état misérable où ses revers l'avaient fait tomber.

« *En che Allah !* » balbutiait-il en montrant ses joues blêmes, creusées par la fièvre, et sa face de squelette dont les yeux seuls semblaient survivre.

Dès lors son mal empira. Si-Lakdar ne dépassa plus la limite de son douar, puis il n'essaya même pas de sortir de sa tente. Étendu sur son lit, il attendit la mort, sans une plainte, en priant Dieu.

J'appris un matin que l'ex-caïd avait cessé de vivre.

Autour de la tente en deuil, des pleureuses psalmodiaient sur un ton aigu les chants consacrés à la louange du défunt. Elles déchiraient leurs vêtements, elles ensanglantaient, en y enfonçant les ongles, la chair de leurs bras nus, de leurs seins, de leur visage, tout en observant la cadence, et adressant des cris étranges à la dépouille du marabout placée sur un brancard formé de quatre morceaux de bois de genévrier. Les plis du linceul de cotonnade blanche, dans lequel le corps était étroitement enseveli, accusaient la maigreur de la face et celle des membres allongés dans la rigidité sinistre de la mort.

Deux hommes, se courbant, soulevèrent le brancard.

Lorsqu'ils en eurent équilibré le poids sur leurs épaules, le cortège des parents les suivit, récitant les prières des morts, en y mêlant par intervalles l'invocation suprême :

« *La Allah ila Allah !* (Il n'est d'autre Dieu que Dieu !) »

On prit à travers bois. Les chants cessèrent, et la foule chemina silencieuse, tantôt parmi la broussaille, tantôt sous des oliviers séculaires, jusqu'au lieu saint où les fossoyeurs achevaient de creuser la tombe. Tandis que les assistants, accroupis sur d'anciennes sépultures, suivaient des yeux ce travail, les bêches mettaient à nu des débris d'ossements.

Quand les parois de la fosse eurent été maçonnées à l'aide d'une argile pétrie avec de l'eau, on y coucha le caïd tout de son long, la face regardant le ciel, les pieds tournés vers l'orient.

On le recouvrit ensuite d'un lit de lattes parallèles qui servirent de support à une cloison de pierres plates, clôture protectrice contre l'injure des bêtes fauves. Cela fait, sur le monticule de terre qu'élevèrent les fossoyeurs au-dessus de la tombe fermée, on dressa une bordure avec des pierres ramassées çà et là, et fichées dans le sol, inégalement.

Ces pierres sans épitaphe rappellent seules aujourd'hui le passage de cette existence humaine qui, ainsi qu'une comète entraînée hors de son axe, avait traversé Paris, pour revenir s'éteindre tristement, à trente ans, sur la terre que le caïd n'aurait jamais dû quitter.

DJÉZAÏR (ALGER)

DJÉZAÏR (ALGER)

Avant de franchir l'espace qui me sépare des pays sahariens, j'ai voulu revoir la maison mauresque que j'habitai naguère sur la crête extrême de la ville. Un peu au hasard, cheminant à travers un labyrinthe de rues en escaliers, j'ai gagné les quartiers où, il y a vingt ans, l'indigène vivait encore sans trop se ressentir de l'envahissement des mœurs nouvelles qui grondaient à ses pieds avec tous les bruits, avec toute l'activité, des civilisations modernes.

Personne alors ne songeait à s'établir sérieusement dans cette partie de l'ancienne résidence des deys. La pioche des maçons oubliait ses ruelles impraticables au négoce. Les populations que versaient sur la côte d'Afrique la plupart des nations d'Europe, déjà trop à l'étroit dans la ville basse, s'épandaient de plus en plus en dehors des portes. Les faubourgs s'allongeaient au pied des collines, en regard des flots qui venaient battre la plage. Et partout on jetait ces fondements confus, ces bâtisses provisoires, laides d'indigence mesquine, qui caractérisent toute colonie naissante quand le goût ne marche pas encore avec l'utilité.

L'étalage de ces misères laborieuses n'était pas fait pour vaincre les répulsions d'une race adonnée aux voluptés calmes.

Retranchés dans la haute ville, les Maures dont la fortune avait résisté aux bouleversements de l'invasion s'abandonnaient à une oisiveté que rien ne venait troubler. A peine quelque curieux s'égarait-il parmi l'enchevêtrement de galeries, d'impasses, de carrefours, qui subsiste encore en partie.

Le murmure de cette vie pleine de mystère avait alors un charme étrange. Aujourd'hui le charme est rompu et le mystère a fui. Le milieu a changé.

A travers les encorbellements qui s'embrassent au-dessus des portes, le même jour bleuâtre glisse encore du ciel sur les épaules d'êtres indolents, de fantômes voilés; mais ce n'est plus ce séjour des chuchotements, des pas discrets, des blanches visions. La vie n'y semble plus comme autrefois tenir du rêve et animer des ombres.

En tous lieux circule une population cosmopolite. Le caractère des costumes s'est altéré. On y surprend des mésalliances de goût qui donnent l'idée d'une mascarade. Le paletot, la blouse, l'uniforme, le burnous, grouillent côte à côte; leurs éléments disparates fraternisent parfois sur le dos du même personnage. Les juifs indigènes se travestissent en Européens, se faufilent dans les derniers refuges de la vie orientale. A peine sont-ils nichés que d'affreux badigeonnages souillent la blancheur des habitations.

La cité nouvelle gagne chaque jour du terrain. Il n'est presque point d'endroit où le vandalisme mercantile n'ait posé sa griffe. On démolit sans relâche les péristyles mauresques, les portiques de marbre sculpté, pour loger des marchandises ou faire place à des ateliers. Sur les établis, sur les enclumes qui ont violé la paix des silencieuses retraites, fonctionnent les engins, retentissent les marteaux, de nos industries. De tous côtés s'ouvrent des échoppes sentant l'alcool et le vin d'Espagne, où s'attablent des vagabonds débraillés, des hommes du port chômant le travail, épaves de toutes races, jouant leurs salaires sur des cartes grasses et chantant à tue-tête pour s'enivrer. J'hésite ici, tant elle est défigurée, à reconnaître une place où des barbiers rasaient en plein vent les crânes de leurs compatriotes.

Là, je me perds dans un quartier neuf. Quelque fragment épargné, l'entrée d'un sanctuaire, le revêtement d'une fontaine publique, une façade avec des jours grillés, aident mes souvenirs. Je retrouve ma direction. Mais mon désenchantement augmente à mesure que j'approche de mon ancienne demeure. A chaque pas un vide ou de hideuses substitutions. Je constate avec peine l'anéantissement de choses dont l'image était restée vivante en ma mémoire. Pour prolonger une rue, on a jeté bas le mystérieux passage voûté en arc de cloître où s'enfonçaient les promeneurs et à l'issue duquel on les voyait reparaître dans une trouée de soleil, comme sous un rayon d'apothéose.

Là toutefois, contre ce même mur, sous le même voile bleu quadrillé, avec les mêmes attitudes, telles que des sphinx accroupis rangés à la file, des négresses ont conservé l'habitude de venir vendre aux passants leurs pains anisés. Les mères sont maintenant des aïeules. Les filles sont devenues des mères. Reconnu de l'une d'elles, notre ancienne servante, que nous appelions Barboucha (*grêlée*), parce que la variole avait troué sa peau noire : « Montre-moi, lui dis-je, la maison aux bellombras de la rue Porte-Neuve. »

Alors, balançant la tête et riant follement, elle fit un geste de la main auquel je ne pus me méprendre. « Ta maison, disait clairement sa pantomime, ne la cherche pas. On l'a rasée. »

C'était vrai. Un boulevard, creusant une tranchée dans le haut des quartiers indigènes, a emporté l'habitacle charmant, supprimé les bellombras qui penchaient leur feuillage sur la tête des passants.

Mon regard se reporte à la place qu'occupait dans ce vide un petit kiosque en forme de minaret, couronnant avec élégance la maison mauresque. De ce point, l'Alger d'alors, comparable à un immense bloc d'albâtre, échelonnait ses degrés jusqu'à la mer.

Les familles claquemurées tout le jour attendaient, pour paraître sur les terrasses, l'heure où les regards indiscrets n'étaient plus à craindre. Sitôt le soleil couché, des formes indécises, que la nuit enveloppait doucement de ses ombres, animaient la blancheur des parapets. J'écoutais les bruits de la ville arabe, le faible bourdonnement de ces existences jalouses qui ne voulaient pas se laisser pénétrer. L'air s'imprégnait peu à peu de sons et de parfums. Une rumeur musicale s'élevait. Des airs monotones couraient sur les guitares. Dans le silence des nuits, l'oreille surprenait des modulations d'un rythme bizarre, des accords entrecoupés de brusques suspensions ou de notes aiguës qui se prolongeaient sur les lèvres des femmes... Le sentiment amer de sa décadence ne pouvait faire oublier à cette race sensuelle son amour du plaisir.

Si peu d'années ont donc suffi pour faire de cela un passé auquel survivent à peine quelques traces méconnaissables! On achève d'abattre le vieux rempart turc qui, depuis son abandon, se couvrait de fleurs à chaque printemps. Je cherche en vain l'ogive de Bab-el-Djédid (la Porte-Neuve) qui, sur la hauteur, ouvrait les promenades de la campagne. Rien ne rappelle l'abreuvoir où les âniers faisaient boire leurs bêtes avant d'entrer en ville. Des chantiers comblent l'emplacement où, le soir, s'assemblaient les nègres, toujours prêts à se réjouir. Ils apportaient là leurs instruments sauvages. Bientôt la danse soutenait le concert. Les danseurs simulaient des combats. Ils avançaient les uns contre les autres, tantôt à pas mesurés, tantôt en pirouettant sur les talons.

Puis ils frappaient leurs bâtons, qu'aux clartés de la lune on aurait pris pour des glaives.

Hélas! pourquoi faut-il que la perte des traditions poétiques soit partout le prix des progrès de l'humanité! L'ère de clémence qui succède à des temps de barbarie peut seule consoler de ces disparitions.

Solitaire au milieu des décombres, la Casbah démantelée évoque encore l'histoire de ce peuple, doux dans ses mœurs habituelles, mais facile à exalter jusqu'à la cruauté. Et si ce n'était assez, pour l'attester, du souvenir de ses deys étranglés tour à tour dans l'exercice du pouvoir, les supplices de nos nationaux capturés par ses forbans, de nos consuls attachés par représailles à la bouche de ses canons, témoigneraient contre des atrocités auxquelles nous avons mis fin.

Jour par jour, pierre à pierre, croule la blanche cité, la Djézaïr des Arabes. Un vent de destruction emporte ses derniers vestiges, tandis qu'une vaste métropole, renaissant de tant d'éléments divers, fusionne en son rapide accroissement les débris de toutes les races, les matériaux de tous les pays, le présent avec le passé, l'ancien monde avec le nouveau.

FIN.

TABLE DES MATIÈRES

I.	— Un jour de soleil....................	1
II.	— Une razzia dans le Djebel-Nador.........	7
III.	— En route............................	35
IV.	— Le Ksar.............................	43
V.	— Bou-Saada..........................	55
VI.	— Le 1er janvier.......................	61
VII.	— La Caravane........................	67
VIII.	— Mars...............................	73
IX.	— La Rivière..........................	79
X.	— Prière du soir.......................	85
XI.	— Les Chiens du douar..................	93
XII.	— Le Fou.............................	103
XIII.	— Les Labours........................	107
XIV.	— Le Marabout d'El-Hamel.............	117
XV.	— Les Intérieurs.......................	127
XVI.	— Les Noces de Messaouda.............	147
XVII.	— La Chasse au faucon.................	165

XVIII.	— Les Chameaux de l'aga Eddin...........	175
XIX.	— La Famine.....................	185
XX.	— La Koubba.....................	191
XXI.	— Taourirt-el-Mokrane................	203
XXII.	— Un caïd à Paris (1867)...............	221
XXIII.	— Djézaïr (Alger)..................	265

FIN DE LA TABLE.

PARIS. TYP. DE E. PLON, NOURRIT ET Cⁱᵉ, RUE GARANCIÈRE, 8.

En vente à la même Librairie.

UN ÉTÉ DANS LE SAHARA, par Eugène Fromentin. 9ᵉ édition. Un vol. in-18. Prix. . . . . 3 fr. 50

UNE ANNÉE DANS LE SAHEL, par Eugène Fromentin. 7ᵉ édition. Un vol. in-18. Prix. . . . . 3 fr. 50

UNE PROMENADE DANS LE SAHARA, par Ch. Lagarde, avec une préface de Ch. Joliet. Un vol. in-18. . . 3 fr. 50

LE SAHARA. Souvenirs d'une mission à Goléah, par Auguste Choisy, ingénieur en chef des ponts et chaussées. Un vol. in-18. Prix. . . . . 3 fr. 50

SAHARA ET LAPONIE, par le comte E. Goblet d'Alviella. Un vol. in-18, avec gravures. Prix. . . . . 4 fr.

A TRAVERS LA KABYLIE ET LES QUESTIONS KABYLES, par François Charvériat, professeur à l'École de droit d'Alger. Un vol. in-18. Prix. . . . . 3 fr. 50

PAR DELA LA MÉDITERRANÉE. Kabylie, Aurès, Kroumirie, par Ernest Fallot, secrétaire de la Société de géographie de Marseille. Un vol. in-18 avec gravures. Prix. 4 fr.

LE MAROC. Voyage d'une mission française à la cour du sultan, par le Dʳ A. Marcet. Un vol. in-18, avec gravures et carte spéciale. Prix. . . . . 4 fr.

L'ALGÉRIE QUI S'EN VA, par le Dʳ Bernard. Un vol. in-18, illustré de dessins de Kauffman. Prix. . . . . 4 fr.

LES VRAIS ARABES ET LEUR PAYS. Bagdad et les villes ignorées de l'Euphrate, par Denis de Rivoyre. Illustrations de Saint-Elme Gautier et carte spéciale. In-18. . . . 4 fr.

AFRIQUE ÉQUATORIALE: *Gabonais, Pahouins, Gallois*, par le marquis de Compiègne. 2ᵉ édition. Un vol. in-18, avec carte et gravures. Prix. . . . . 4 fr.

AFRIQUE ÉQUATORIALE: *Okanda, Bangouens, Gallois*, par le marquis de Compiègne. 2ᵉ édition. Un vol. in-18, avec cartes et gravures. Prix. . . . . 4 fr.

Paris. Typographie de E. Plon, Nourrit et Cⁱᵉ, rue Garancière, 8.

www.ingramcontent.com/pod-product-compliance
Lightning Source LLC
Chambersburg PA
CBHW050639170426
43200CB00008B/1078